青少年社会工作实务型人才培养模式研究

王玉香 吴立忠 著

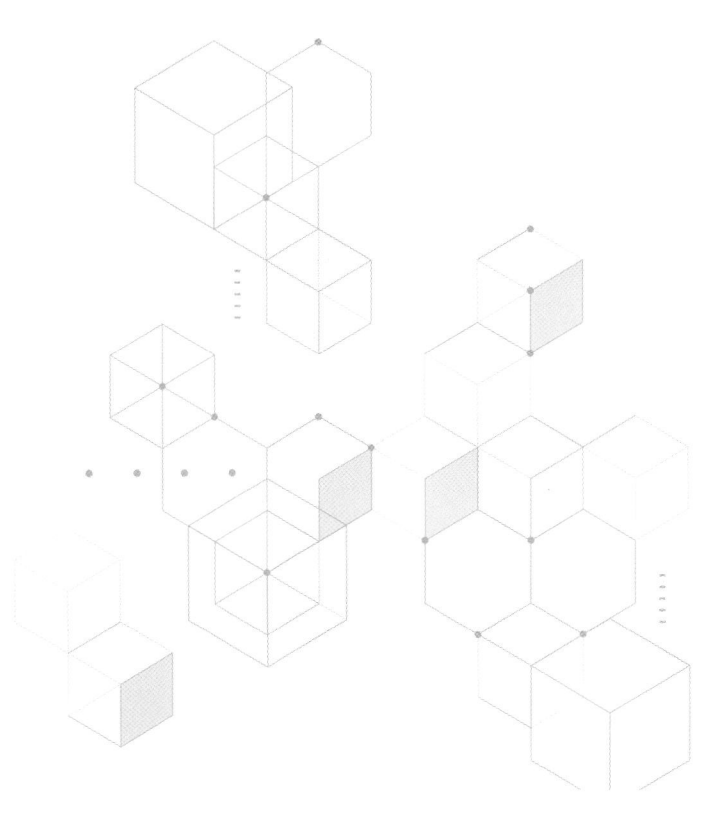

中国社会科学出版社

图书在版编目（CIP）数据

青少年社会工作实务型人才培养模式研究／王玉香，吴立忠著．—北京：中国社会科学出版社，2021.8
ISBN 978－7－5203－8951－8

Ⅰ.①青… Ⅱ.①王… ②吴… Ⅲ.①青少年—社会工作—人才培养—研究—中国 Ⅳ.①D432.6

中国版本图书馆 CIP 数据核字（2021）第 169762 号

出 版 人	赵剑英
责任编辑	伊 岚
责任校对	张爱华
责任印制	张雪娇

出　　版	中国社会科学出版社
社　　址	北京鼓楼西大街甲 158 号
邮　　编	100720
网　　址	http://www.csspw.cn
发 行 部	010－84083685
门 市 部	010－84029450
经　　销	新华书店及其他书店
印　　刷	北京明恒达印务有限公司
装　　订	廊坊市广阳区广增装订厂
版　　次	2021 年 8 月第 1 版
印　　次	2021 年 8 月第 1 次印刷
开　　本	710×1000　1/16
印　　张	14.5
插　　页	2
字　　数	207 千字
定　　价	89.00 元

凡购买中国社会科学出版社图书，如有质量问题请与本社营销中心联系调换
电话：010－84083683
版权所有　侵权必究

自 序

新时代高等教育改革创新形势下,培养高素质应用型人才是地方本科院校人才培养的核心任务。社会工作专业人才队伍是推进与创新我国社会治理体系的重要力量,其中,青少年社会工作人才是社会工作专业人才队伍的重要组成部分,因其服务对象是未来社会发展生力军的青少年,则尤为重要。

随着改革进入深水区,新时代我国社会主要矛盾的变化、尤其是自媒体的高度发展,不仅带来了经济社会发展的深刻变化,而且为青少年群体的成长发展带来了一系列新风险、新问题、新机遇。多种特殊青少年群体的出现以及青少年所处的人生发展关键过渡期,迫切需要青少年社会工作专业人才协助他们解决生存与发展的现实困境,及时回应他们的发展需求,从而有效地促进他们健康成长、正向发展。由于存在着原来缺乏社会工作现实岗位需求、后来需求剧增的现实问题,青少年社会工作人才培养面临着诸多挑战,典型地表现为:由于发展时间较短,社会工作专业教育理论水平与实践经验积累不足,在社会工作专业实践教学方面尤其缺乏较为科学完备的方式方法以及呈现规律性的培养模式;青少年社会工作作为社会工作的一个重要实务领域,很多高校还未能将青少年社会工作人才培养作为一个重要的方向,甚至有的并没有纳入到课程体系之中;所培养的社会工作专业毕业生缺乏实务能力基础,存在着工作不适应的现实问题,等等。地方本科院校应用型人才培养要求下,社会工作专业实务型人才培养成为当务之急。

青少年社会工作实务型人才培养模式研究

本研究基于山东青年政治学院社会工作专业人才培养的改革实践，以服务地方经济社会发展为宗旨，基于国家发展新形势下产教融合政策与应用型人才培养目标，以服务学习理论和"惯习""场域"理论为基础，以学生专业价值观强化与实务能力提升为目标，对青少年社会工作实务型人才培养模式进行了理论探索。

本研究论析了青少年社会工作实务型人才培养模式的实施原理与路径：打造社区、整合资源、强化应用、模块培育；明晰了青少年社会工作实务型人才培养模式的特点：系统性、序列性、整合性、服务性、开放性、嵌套性，并在此基础上明确了青少年社会工作实务型人才培养模式的实施原则。

青少年社会工作实务型人才模式实践过程中，整合课堂、校园、基层社区等场域，构建了"大社区"平台，包括教学模拟服务社区、学生成长服务社区、基层青少年服务社区。基于"大社区"平台探索与创新了人才培养的措施、路径，主要包括：

第一，以人才培养方案为牵引，改革完善社会工作专业课程体系。进一步明确与细化青少年社会工作人才培养目标，建构了以"职业＋特质"的"双维度"社区青少年社会工作职业胜任力模型；在此基础上，形成了具体可操作性的青少年社会工作实务型人才培养目标体系；以目标为引领，调整与修订了人才培养方案，增强了社会工作专业课程体系实践性特征。

第二，开展分组教学模式，构建教学模拟服务社区，提高课堂实训质量。以分组教学为抓手，以目标任务为导向，依托社会工作专业实验室，建构了教学模拟服务社区，构建了"三定""三步""三评"为核心的社会工作分组教学方式与策略体系，在专业课程教学中广泛开展以学生为主体的多种样式分组教学活动。

第三，实施校园实践模式，构建学生成长服务社区，培育学生的专业惯习。依托"新青年"高校社会工作服务项目与学生生活社区，构建校园多元立体化服务网络；积极发挥专业教师的示范、指导作用，促进学生于日常生活中养成专业惯习；协同多方力量，凝聚资源，促进校园实践模式体系全面构建。

第四，打造服务参与模式，构建青少年服务的基层街道社区平台，直接服务青少年。一方面，通过自办社会服务机构"济南山青社会工作服务中心"，承接政府购买服务，在基层街道社区打造青少年社会工作服务社区，为学生实践实习、参与服务提供平台与机会；另一方面，通过增加课程实践学时，用好实践学时，从专业性角度落实好专业实习与社会实践活动，提高实践活动的专业"含金量"，同时积极发挥学生社团作用，形成参与服务的示范效应、引领效应、规模效应，为学生参与青少年社会工作服务提供教学保障。两个方面里应外合、协同并进、循序渐进，使得专业学生逐步实现了由最初的简单见习服务到服务项目的书面策划设计，再到服务项目实施的专业能力转变与提升。

为了确保青少年社会工作实务型人才培养模式的有效进行，特别建构了相应的保障机制，具体表现为：

第一，实施多元资源链接机制，形成多元育人共同体。建立了与相关专业、校内教育力量、行业、基层街道办事处和社区等多方协同育人机制，与知名高校、业界专家形成资源共享机制，形成了评价主体多元共生的局面。

第二，实施项目化运作机制，保障服务的专业化水平。依照项目化服务实践的要求整合课程内容，进行课程设计；把项目化服务实践纳入学生学习环节，以项目促进专业学习深化；采取有效措施，激励学生积极获取和参与服务项目；链接多方资源提升学生项目研究的能力。

第三，实施教师实务能力提升机制，全面增强教师专业水平。鼓励与支持教师参加专业培训，提高社会工作实务技能；考取多样职业证书，打造"双师双能型"教师队伍；赋予专业实践岗位角色，切实提高实务能力；通过人才引进、聘任等方式，不断优化教师队伍结构；加强科学研究，提高教师的实务问题研究能力；教学相长，在指导学生实习实践过程中促进教师实务能力的提升。

总之，通过以上方案的设计、活动的开展、策略的实施、机制的运转，青少年社会工作实务型人才培养模式有效运行，逐步成熟，呈现出鲜明的专业发展特色，不仅提升了人才培养质量和教师团队的专业水平，较为有效地发挥了社会工作专业教育教学模式的示范带动效应，而且有效地促进了产、学、研一体化发展，推动了山东省社会工作服务的发展与青少年社会工作人才队伍的建设。在整合资源与打造实务型人才培养实践平台、多元联动实务型人才培养模式建构，以及职业精神与价值观塑造方式等方面，体现出较为鲜明的创新性。

尽管我们在青少年社会工作实务型人才培养模式的探索与实践中取得了一定的成绩，并以此为基础而申报的教学成果获得了第八届山东省高等教育教学成果一等奖，但是我们深刻认识到，在该方面的探索与实践还有很多方面需要进一步提升与强化，尤其是随着基层社会治理体系建构的发展，产教融合教育改革的进一步深入，新文科创新的新要求等，为我们进行实务型人才培养的探索与实践提出了更高的要求。2019年国家级标准《青少年社会工作服务指南》的颁布，对青少年社会工作的开展提出了更为规范化、专业化的要求。这都需要我们以学生实务能力提升为核心，不断与时俱进、积极进行教学改革，更为有效地培养高质量的青少年社会工作服务与管理人才。特别希望有识之士能够针对我们的研究提出更多的建设性建议与批评，以利于我们进一步改进与提高。

2020 年 8 月

目　　录

第一章　绪论 …………………………………………………… （1）
　第一节　问题的提出 …………………………………………… （2）
　　一　社会治理现代化的迫切需要 …………………………… （2）
　　二　青少年健康成长的需要 ………………………………… （7）
　　三　应用型地方院校社会工作专业教学改革的需要 …… （10）
　第二节　文献综述 …………………………………………… （16）
　　一　国内研究 ………………………………………………… （16）
　　二　国外研究 ………………………………………………… （31）
　　三　相关研究述评 …………………………………………… （34）
　第三节　研究意义、研究目标与研究内容 ………………… （35）
　　一　研究意义 ………………………………………………… （35）
　　二　研究目标 ………………………………………………… （38）
　　三　研究内容 ………………………………………………… （39）
　第四节　研究的政策依据与理论基础 ……………………… （39）
　　一　政策依据 ………………………………………………… （40）
　　二　理论基础 ………………………………………………… （43）
　第五节　研究设计 …………………………………………… （45）
　　一　核心概念界定 …………………………………………… （45）
　　二　研究思路 ………………………………………………… （46）
　　三　研究方法 ………………………………………………… （47）

第二章 青少年社会工作实务型人才培养模式建构的阐释 …（50）
第一节 青少年社会工作实务型人才培养模式的建构原理 …（51）
　　一　打造社区 …（52）
　　二　整合资源 …（53）
　　三　强化应用 …（55）
　　四　模块培育 …（56）
第二节 青少年社会工作实务型人才培养模式的特点 …（57）
　　一　系统性 …（57）
　　二　序列性 …（58）
　　三　整合性 …（59）
　　四　服务性 …（60）
　　五　开放性 …（61）
　　六　嵌套性 …（63）
第三节 青少年社会工作实务型人才培养模式的实施原则 …（64）
　　一　宏观布局与微观落实相结合原则 …（64）
　　二　实务型人才培养与社会工作行业发展相结合原则 …（65）
　　三　人才培养活动的创新发展和特色发展相结合原则 …（66）
　　四　理论知识掌握与实务能力训练相结合原则 …（68）
　　五　教师主导与学生主体作用相结合原则 …（69）

第三章 青少年社会工作实务型人才培养模式的建构实践 …（71）
第一节 改革完善社会工作专业课程体系 …（72）
　　一　明确与细化青少年社会工作人才培养目标 …（72）

二　以培养目标为引领,优化人才培养方案,调整
　　　　完善课程体系 …………………………………… (82)
第二节　分组教学模式的开展 ……………………………… (85)
　　一　分组教学与青少年社会工作实务型人才培养的
　　　　契合性 …………………………………………… (86)
　　二　分组教学模式下青少年社会工作实务型人才
　　　　培养的现实探索 ………………………………… (88)
　　三　分组教学模式下社会工作实务型人才培养的
　　　　具体成效 ………………………………………… (97)
第三节　校园实践模式的实施 …………………………… (102)
　　一　校园实践模式在青少年实务型人才培养中的
　　　　作用 …………………………………………… (103)
　　二　校园实践模式下青少年社会工作实务型人才
　　　　培养的现实探索 ……………………………… (106)
　　三　校园实践模式下青少年社会工作实务型人才
　　　　培养的成效 …………………………………… (114)
第四节　服务参与模式的打造 …………………………… (115)
　　一　服务参与模式在青少年社会工作实务型人才
　　　　培养中的作用 ………………………………… (116)
　　二　服务参与模式下青少年社会工作实务型人才
　　　　培养的现实探索 ……………………………… (117)
　　三　服务参与模式下青少年社会工作实务型人才
　　　　培养的成效 …………………………………… (124)

第四章　青少年社会工作实务型人才培养模式的建构机制 …… (129)
　第一节　实施多元资源链接机制,形成多元育人
　　　　　共同体 ………………………………………… (129)
　　一　与相关其他专业形成协同育人机制 ………… (130)

二　与校内教育力量形成协同育人机制 …………… (131)
　　三　与行业、地方形成协同育人机制 ……………… (131)
　　四　与知名高校、业界专家形成资源共享机制 …… (132)
　　五　形成了人才培养评价主体多元共生机制 ……… (133)
第二节　实施项目化运作机制，保障服务的专业化
　　　　水平 …………………………………………… (133)
　　一　项目化运作机制在青少年实务型人才培养
　　　　中的作用 ……………………………………… (135)
　　二　项目化运作机制的设计与实施 ……………… (136)
第三节　实施教师实务能力提升机制，增强教师专业
　　　　水平 …………………………………………… (140)
　　一　不断进行专业培训，提高教师社会工作实务
　　　　技能 …………………………………………… (141)
　　二　考取多样职业证书，打造"双师双能型"教师
　　　　队伍 …………………………………………… (142)
　　三　赋予专业实践岗位角色，切实提高实务能力 … (142)
　　四　不断优化结构，构建专兼职结合的师资队伍 … (143)
　　五　加强科学研究，提高教师的实务问题研究
　　　　能力 …………………………………………… (144)
　　六　教学相长，促进教师实务能力的提升 ………… (145)

第五章　青少年社会工作实务型人才培养模式的特色与
　　　　成效 …………………………………………… (147)
第一节　模式特色 …………………………………………… (147)
　　一　产教融合特色 …………………………………… (147)
　　二　真操实练特色 …………………………………… (148)
第二节　模式成效 …………………………………………… (148)
　　一　模式实施效果 …………………………………… (149)

二　研究成果的推广应用 …………………………………（159）

第六章　青少年社会工作实务型人才培养模式研究总结 ………（161）
　第一节　实务型人才培养的认识需要进一步提高 ………………（161）
　　一　实务型人才培养改革创新的认识壁垒 …………………（162）
　　二　进一步加强实务型人才培养的正确认识 ………………（162）
　第二节　实务型人才培养的条件建设需要进一步加强 …………（163）
　　一　实务型人才培养条件建设方面存在的问题 ……………（164）
　　二　加强实务型人才培养条件建设的思路 …………………（164）
　第三节　实务型人才培养质量评价需要进一步精准
　　　　　细化 ………………………………………………………（165）
　　一　实务型人才培养质量的评价体系不完善 ………………（165）
　　二　实务型人才培养质量评价体系的建构设想 ……………（166）

附　录 …………………………………………………………………（168）
　附录1　社会工作专业学生开展的个案工作举例 ………………（168）
　附录2　社会工作专业学生开展的小组工作举例 ………………（177）
　附录3　社会工作专业分组教学模式举例 ………………………（186）
　附录4　社会工作专业学生开展的志愿服务项目举例 …………（189）
　附录5　社会工作专业学生开展的社区工作项目举例 …………（191）
　附录6　"新青年"高校社会工作服务项目一例 …………………（195）
　附录7　山青院社会工作专业学生大学生创新创业训练计划
　　　　　项目一览 …………………………………………………（207）
　附录8　山青院社会工作专业学生假期专业性社会实践活动
　　　　　项目一览 …………………………………………………（209）

参考文献 ………………………………………………………………（211）

后　记 …………………………………………………………………（219）

第一章　绪论

当前，随着全面深化改革、加强社会治理的日益推进，社会对高等学校应用型人才培养有强烈需求，社会工作专业人才队伍建设日益得到重视。社会工作专业在全国高等教育中也得到了快速的发展，据中国社会工作教育协会统计，目前全国拥有社会工作普通本科专业的高校有348所。高校专业设置与发展就是行业发展的晴雨表，其反映的是社会对人才需要的程度。高校社会工作专业招生数量的增加，一是反映了社会发展对社会工作专业人才需求量的增加，二是随着数量的增加，意味着提升人才培养质量成为需要高度关注的关键问题。因为数量增加并不代表着质量高。社会工作专业教育在快速发展的过程中，也出现了一定的"波折"，有的一流高校如中山大学的社会工作本科专业取消，还有一些高校的社会工作本科专业受到了一定程度的影响，有的停招，有的面临停招，有的直接被撤销。我们必须清醒地认识到，社会工作专业在有些高校出现的停止招生和撤销等现实状况，反映了该专业在这些学校的学科专业建设中的边缘化与发展的艰难，也是任何一个新兴专业在初始时期都可能面临的现实问题。停招、撤销的背后，在很大程度上反映出高校社会工作专业的人才培养在产教融合、对口就业、专业价值观塑造等方面存在问题。显然，问题的解决既需要相应的扶持性政策，更需要加强本专业自身的建设，提高本专业的人才培养质量，提高本专业的社会知名度。所以，如何培养高素质社会工作专业人才，如何为社会输送合格的社会工作的服务与管理人才，成为社会工作教育界尤其是高校社会工作专业教师需要进一步研究与解决的关键问题。

本研究以青少年社会工作实务型人才培养模式作为研究对象，主要根据山东青年政治学院（全书简称"山青院"）社会工作专业发展的特色——青少年社会工作专业人才培养——以及社会工作实务性要求很高的专业特性这两个基本方面，作出研究选择。强化实务型人才培养，就是在人才培养活动中强化学生的专业实践能力，强化专业理论知识的现实应用，培养具有较高专业实践能力的实务型人才，即应用型人才，这符合近年来高等教育领域应用型人才培养的改革要求，也适应地方经济社会发展的需要。因此，本研究对青少年社会工作实务型人才培养模式进行有针对性的探索，既是对国家社会工作事业尤其是青少年社会工作发展要求的积极回应，也是对新建地方本科院校应用型社会工作专业人才培养要求的积极落实。

第一节　问题的提出

我国经济社会发展、社会治理体系建构、治理能力现代化亟需大量专业的社会工作人才，社会工作人才成为我国人才发展规划中重点发展的六类人才之一。而青少年是中国特色社会主义事业的接班人，他们的成长与发展关乎国家的发展与兴盛。《中长期青年发展规划（2016—2025年）》以青年发展为核心，提出了要教育、引导、服务青少年的发展，将青少年事务社会工作人才队伍建设作为十大工程之一，青少年社会工作专业人才成为服务与支持青少年健康成长的专业力量。因此，探讨青少年社会工作实务型人才培养模式具有长远而现实的意义。

一　社会治理现代化的迫切需要

青少年社会工作应用型人才培养对社会治理体系与治理能力现代

化的推进具有重要的现实意义,其目的是要培养中国特色社会主义现代化强国所需要的社会治理专业力量。随着改革的深入与社会转型的加剧,当前我国面临社会问题增生、社会矛盾转化的现实处境。由于经济社会发展的不平衡,人口资源环境压力加大,有些民生问题不能得到有效的解决,使得全面深化改革面临着诸多压力、风险和挑战。对此,党的十八届三中全会提出创新社会治理理念,要求加快政社分开,激发社会组织活力,创新有效预防和化解社会矛盾的治理体制,建立畅通有序的诉求表达、心理干预、矛盾调处、权益保障等机制,使得群众问题能反映、矛盾能化解、权益有保障。① 2017年至2019年连续三年的《政府工作报告》中均有关于"推动社会治理创新"的重点要求与论述,其中基层社区作为人民群众日常生活的重要场域,成为基层社会治理创新的重要阵地。2019年《政府工作报告》指出:"加强和创新社会治理、推动社会治理重心向基层下移,推广促进社会和谐的'枫桥经验',构建城乡社区治理新格局。引导支持社会组织、人道救助、志愿服务和慈善事业健康发展。健全社会信用体系。保障妇女、儿童、老人、残疾人合法权益。"② 党的十九届四中全会进一步强调要完善社会治理体系,指出:"社会治理是国家治理的重要方面。必须加强和创新社会治理,完善党委领导、政府负责、民主协商、社会协同、公众参与、法治保障、科技支撑的社会治理体系,建设人人有责、人人尽责、人人享有的社会治理共同体,确保人民安居乐业、社会安定有序,建设更高水平的平安中国。"③ 在今后相当长的一段时间内,加强社会自治建设、推进社会组织服务社会治理成为国家与社会发展的重要任务与重要内容。社会工作是社会治理的重要组成部分和专业力量,对于解决社会问题以建构良好的社

---

① 《中共中央关于全面深化改革若干重大问题的决定》,《人民日报》2013年11月16日,第1版。
② 李克强:《政府工作报告》,《人民日报》2019年3月17日,第1版。
③ 《中共中央关于坚持和完善中国特色社会主义制度推进国家治理体系和治理能力现代化若干重大问题的决定》,《人民日报》2019年11月6日,第1版。

会秩序、化解社会矛盾以促进社会和谐、协调各方利益关系以维护社会公平正义、提供社会服务、满足人民日益增长的对美好生活的需要具有不可替代的作用。大力发展社会工作事业，成为促进经济社会发展、建设中国特色社会主义现代化强国的重要方略。

改革开放以来，尤其是党的十六届六中全会以来，一系列政策文件的出台，推动了我国社会工作事业的蓬勃发展。2006年《中共中央关于构建社会主义和谐社会若干重大问题的决定》首次提出了要建立宏大的社会工作人才队伍的目标。2011年的《关于加强社会工作专业人才队伍建设的意见》、2012年的《社会工作专业人才队伍建设中长期规划（2011—2020年）》，不仅有效地促进了社会工作行业市场的进一步构建，而且培养造就一支数量充足、结构合理、素质优良的社会工作专业人才队伍的目标更加明确，任务也更加明晰。2008年全国社会工作师职业资格证书考试有效地壮大了持证社会工作者的队伍，据2018年年底的统计数据，全国持证社会工作者数量达到439266人[1]，较好地促进了社会工作职业化发展。2019年开始的高级社会工作师的考试，标志着我国社会工作事业走上了专业化道路。社会工作事业尽管快速发展，但也面临基础薄弱的问题，这类问题典型地表现为社会工作服务机构不足、岗位不明确、资金投入不足、专业人才数量缺口大、专业人才能力素质不高、专业人才结构不太合理、专业人才流失严重等一系列问题。以2017年数据为证，社会工作专业人才资源总量为1025757人[2]，社会工作者数量的增加远远没有达到《社会工作专业人才队伍建设中长期发展规划（2011—2020年）》中所要求的145万人的目标，而且持证社会工作者大部分是没有专业教育背景的社区工作人员。总体来看，社会工作服务发展的水

---

[1] 徐健:《2018年度中国社会工作发展报告发布》，《公益时报》2019年3月26日，第7版。

[2] 民政部文件《民政部办公厅关于2017年度社会工作和志愿服务法规政策规划落实情况的通报》（发文号：民办函〔2018〕29号）。

第一章　绪论

平与现有经济实力不相匹配，与人民对美好生活的向往的多元化需求不相适应，与构建社会主义和谐社会的要求还有较大差距，社会工作专业人才队伍建设任重道远、仍在路上。

我国社会工作在实务领域的发展表现为国家自上而下推进的社会服务事业，但是社会工作的社会认知度与社会认同度并不高，很多人不仅不知道社会工作是做什么的，而且还有很多误解与曲解。如不少人认为社会工作"是社会上的工作"，将社会上所存在的所有工作皆称为社会工作；有人认为社会工作就是"除了本职工作之外的其他工作"；有人认为社会工作就是社区工作，所以在现实中有关于"社工""全科社工"缩称的模糊理解与争议（社区工作者与社会工作者都可以缩写为"社工"）；有人认为社会工作就是志愿服务，社会工作者就是义工。很多人并不认为社会工作是一种职业、一个专业，所以这些认知也直接影响着高校社会工作专业的招生和就业，高校社会工作专业第一志愿报考率明显不高，社会工作专业毕业生多数未选择社会工作行业，而从事社会工作职业的毕业生流失率也相对较高——其原因大多为薪酬待遇较低、社会地位不高、工作不稳定等。这些都是社会工作专业教育所面对的普遍性问题。

面对社会工作专业发展与教育所面临的问题，人们要积极借助国家大力加强社会治理的有利时机，找准社会工作专业发展的着力点。社会工作是具有广域性特征的专业，在现实中会出现不同的社会工作服务领域，如群体社会工作包括青少年社会工作、儿童社会工作、妇女社会工作、老年社会工作、残疾人社会工作等，以场域划分则社会工作可以分为家庭社会工作、社区社会工作、企业社会工作、医务社会工作、司法社会工作、学校社会工作等。其中，青少年社会工作既是一个独立的服务领域，同时也与其他服务领域有着内在的关联。做好青少年社会工作服务，不仅有助于青少年的健康成长，而且也有助于家庭建设、学校发展、社区治理。青少年群体是社会工作的重要服务对象。"青少年社会工作是在社会工作专业价值观的指导下，运用社会工作的专业理论、方法与技巧，协助与促进青少年健康成长的一种服务性的专业工作。"① 青少年社会工作是社会工作非常重要的领域，也是服务开展最早的实务领域，青少年群体更是不同场域社会工作的重要服务对象。国际上一般对青少年社会工作者入职资格的要求都明显高于其他领域的社会工作者，其入职的学历需要为硕士研究生毕业。因为青少年是一个正处于生理、心理、社会性快速发展的特殊弱势群体，处于自我意识强烈、自主性提高的重要人生阶段，他们充满了青春活力，但容易受到不良环境的影响；他们拥有较高的信息技术与能力，但理性思考能力尚不足，而互联网空间往往是多元价值观念并存的场域，他们所面临的生存与发展环境比以往任何时代的青少年都更为复杂。这都需要高素质与能力的社会工作者的介入与支持，才能使他们具有应对成长烦恼与发展困惑的意识与能力，具有应对现实挑战的信心与勇气，具有正向发展与潜能激发的内在动力，具有较高的辨别能力与解决问题的能力。所以在国家社会治理体系建构中，政府与社会工作界都高度重视青少年社会工作的发展，重视社会工作服务对青少年群体的社会参与意识、能力的培育与支持，重视社会工作服务对青少年群体与其他群体良性互动的影响，重视社会工作服务对不同行业与领域青少年群体健康成长与发展的关切，而这一切都要落到具体的社会工作专业人才队伍的建设上，即重视新时代青少年社会工作专业人才队伍的培养与能力建设。唯有如此，才能有效地关注到青少年的特点与需要，增进他们的福祉；才能给予他们成长与发展及时的支持与帮助，及时地化解可能出现的风险因素、保护好他们的权益；才能将他们培育成社会治理的有生力量与中国特色社会主义建设的合格接班人。

总之，青少年兴则国家兴，青少年强则国家强。在国家社会治理体系的框架下，青少年社会工作者在培养德智体美劳全面发展的青少

---

① 王玉香主编：《青少年社会工作》，山东人民出版社2012年版，第9页。

年、培育国家治理后备力量、形成青少年社会工作蓬勃发展新局面等方面发挥着重要作用。

二 青少年健康成长的需要

随着社会的变迁和社会结构的变化，社会流动更为频繁与加大，当代青少年的生存与发展面临着前所未有的挑战，青少年社会问题也越来越突出，这些问题是社会转型期所产生的社会问题与成人问题在青少年群体中的投射。现在青少年群体中出现了很多特殊的群体，如留守青少年、流动青少年、贫困青少年、网瘾青少年、犯罪青少年、服刑人员子女等等，他们生存的特殊境遇与正处于人生发展的特殊阶段——青春期——有机结合，使得他们面临着更多生存与发展的问题，容易成为侵害他人或被侵害的高风险性群体，亟需得到专业上的支持、指导与服务。但我国的社会工作服务起步较晚，职业的社会工作产生于2004年，以劳动与社会保障部公布的《社会工作者国家职业标准》为标志。我国实务领域的专业青少年社会工作也产生于2004年，以"上海市阳光地区青少年事务中心"正式成立为标志。随着近些年的发展，实务青少年社会工作得到了较快的发展，出现了对全国影响较大的上海、深圳、广州、四川等多种服务模式。尽管我国的青少年社会工作针对广大青少年尤其是留守青少年群体、闲散青少年群体、不良行为青少年群体等开展了相关服务，但是总体来看，因为青少年社会工作专业人才队伍还不够壮大，无论是青少年社会工作人才的数量还是质量都存在着较大的差异性，现有的青少年社会工作服务出现了非常明显的地域发展与服务效果不均衡的现象。青少年社会工作服务只能满足局部和部分青少年群体发展的部分需要，而做不到普遍性、有效地回应现实生活中青少年出现的多样化问题，更难以有效满足青少年发展成长的多元化需求。这是青少年社会工作发展所面对的无可回避的现实状况。

广大青少年正处于身心发展迅速的青春期，一方面，他们朝气蓬勃、对未来发展充满了希望与憧憬；另一方面，他们又有着成长期所特有的困顿与烦恼。网络社会、自媒体时代的到来，既给广大青少年的生存与发展提供了多样资源、条件和机会，又给他们身心发展、权益保护带来了诸多风险与危机。如何利用好信息技术，如何利用自媒体资源等整合多样社会资源为青少年的正向发展打造广阔平台、设计优质成长路径？如何有效地保护社会变革下出现的贫困家庭青少年、单亲家庭青少年、流动家庭青少年、留守家庭青少年等弱势家庭青少年的合法权益，满足他们的发展需要？如何有效地针对闲散青少年、边缘青少年等群体进行帮扶，协助其克服不良环境影响和摆脱困境危机？……这些较为复杂多样的青少年群体需求与问题，使青少年社会工作事业面临着前所未有的复杂性难题，带来了严峻的现实挑战，传统的青少年工作范式已经不适合现实的要求，迫切需要专业的青少年社会工作人才为不同的青少年群体提供持续化、规范化、精准化的专业服务，从而更好地为青少年的健康成长保驾护航。

　　青少年社会工作不仅是我国社会工作实务开展最早的领域，也是有关支持政策建设相对较好的领域，体现出党与国家对青少年健康成长的关怀与重视。2014年1月，共青团中央、民政部等六部门共同下发《关于加强青少年事务社会工作专业人才队伍建设的意见》，明确了青少年事务社会工作人才队伍建设的意义、指导思想、目标任务、服务领域，为我国青少年社会工作的全面推进、青少年事务社会工作人才队伍建设提供了政策支撑与指导。2016年，中共中央办公厅发布的《共青团中央改革方案》明确提出，要建设"团干部+社工+青年志愿者"的工作队伍[①]，以进一步充实共青团组织的基层工作力量，进一步为青少年社会工作的推进明确了方向与发展空间。2017年，中共中央、国务院正式颁发了《中长期青年发展规划（2016—2025年）》，这是我国第一个国家层面制定的青年发展规划，

---

① 《中办印发〈共青团中央改革方案〉》，《人民日报》2016年8月3日，第1版。

标志着我国宏观青少年观的现实转向,不仅关注青少年发展对国家社会发展的重要性,更关注青少年发展的个人福祉;不仅要教育、引导、培养青少年,关注青少年发展的十大领域,而且出现了服务青少年健康成长与激发青少年主体性的新理念,并且将青少年社会工作人才队伍建设确定为促进青少年发展的十大重点工程之一,提出到2020年建成20万人、2025年建成30万人的青少年事务社会工作专业人才队伍的明确发展目标,要求青少年社会工作者"全面参与基层社区社会工作,重点在青少年成长发展、权益维护、犯罪预防等领域发挥作用"[①]。2017年8月,共青团中央联合民政部、财政部制定下发了《关于做好政府购买青少年社会工作服务的意见》,对政府购买青少年社会工作服务相关工作提出了明确要求。2019年6月,由民政部、共青团中央共同研发的《青少年社会工作服务指南》发布,这是第一个社会工作领域的国家级标准,也是我国青少年社会工作领域的首个标准。可以说,国家和政府部门对青少年社会工作提出了明确的发展目标与服务的规范性要求。

从国家大力发展社会工作、开发社会工作岗位,以及共青团等组织大力推进青少年社会工作政策的频频出台,可以看到一是国家政府部门、群团组织对社会工作人才队伍建设,尤其是青少年社会工作人才队伍建设的高度重视;二是社会发展与青少年的健康成长对高素质社会工作专业人才队伍的迫切需求。当然,从另外的角度,也在一定程度上映射出当前青少年社会工作服务远远不能满足现实的需求,青少年社会工作人才培养还远远不能满足广大青少年的发展诉求,不能及时有效地服务于解决青少年权益保护问题及他们的特殊发展问题,亟需建设数量足、结构优、能力强、素质高、职业道德高尚、专业价值伦理信念坚定、专业理论知识丰富、专业方法与技术熟练,尤其是专业实务能力突出的青少年社会工作专业人才队伍。而培养高素质的

---

① 《中共中央 国务院印发〈中长期青年发展规划(2016—2025年)〉》,《人民日报》2017年4月14日,第1版。

青少年社会工作实务型人才成为高校社会工作专业的重要任务。

三 应用型地方院校社会工作专业教学改革的需要

按照国家高等教育事业发展的格局以及学校自身办学的历史、特点、优势，新建地方本科院校如山东青年政治学院的学科专业建设与发展应以应用型人才培养为导向与标准。就具体的人才培养质量规格而言，新建地方本科院校所培养的应用型本科人才是知识、能力、素质交互促进、和谐发展的高素质人才，是介于传统学科型人才与职业技能型人才的"中间型人才"，既有本科人才的学科教育特征，又有应用人才的职业教育特性[①]。应用型人才要求具有很强的理论应用能力，具体表现为专业的实务能力强。应用型人才培养是以实务能力提升为核心的人才培养，它不同于研究型人才注重丰厚理论基础和科研能力的培养，也不同于一般的职业人才注重具体的技术和技能培养，而是介乎两者之间的具有发展后劲的实务型人才即所谓的"中间型人才"培养。由于新建地方本科院校是从原来的高职教育转化而来的，而原来的高职教育往往是本科教育的"压缩饼干"，所以专升本以后，不仅缺乏本科办学的经验尤其缺乏应用型人才培养的经验，在办学过程中，很容易导致两种倾向，即学术本位和技能本位倾向。所以，准确把握应用型办学定位、积极探求应用型人才培养的规律成为新建地方本科院校的当务之急，而目前来讲，应用型人才培养要加强与行业、产业联动，实现产教融合、协同育人。

无论是新建地方本科院校的发展，还是应用型人才的培养，都要把应用型专业建设放在核心的位置。因为专业是连接高校与社会的桥梁，是把人才胚子塑造成社会所需人才类型的温床，只有强化专业的应用型建设，才可能实现新建地方本科院校对地方经济社会发展的有效服务与支持，充分满足地方经济社会发展对应用型人才的现实需

---

① 钱国英、徐立清、应雄：《高等教育转型与应用型本科人才培养》，浙江大学出版社2007年版，第74页。

求。高校各个专业有着自身的特点，对人才培养的质量规格方面也有所差异，这就决定了应用型专业建设要有自己的个性与特色。社会工作专业是一个应用型特点突出的专业，其在人才培养中需要突出学生实务能力的培养，当然并不是理论知识教育不重要，而是要偏重于理论知识的现实应用，注重学生专业社会工作价值理念、理论的内化与专业实践能力的提升。我们所探讨的青少年社会工作实务型人才是面对青少年群体服务中实务能力强的社会工作专业人才，因此，突出实务型人才培养是社会工作专业应用型建设的必然要求与具体表现。

（一）社会工作专业应用型人才的特点

从行业要求与岗位胜任力来看，社会工作应用型人才的能力具体表现为如下方面：

1. 高品质的实务能力

社会工作实务能力是专业理论、实务技能、价值观念相互作用的结果。社会工作实务能力通过个案工作、小组工作、社区工作、社会行政与政策等方面的专业技能技巧而外化展现出来，并且相互间可以有机融合生成综融性服务方法，但这并不意味着其是可以简单复制、随意模仿的刻板套路，其背后是有着生理学、心理学、社会学、哲学等方面的理论知识来做基本支撑并进行策动创生的，因而蕴含理论与思想的厚度；社会工作实务技能技巧也并非冷冰冰的工具与技术、呈现技术为王的霸权，其背后有着伦理价值观念作根本性的导引，透着人性关怀的温暖。社会工作是一个涵盖了理论、价值、技术、方法在内的系统，社会工作应用型人才应具有包含技术、理论、价值观在内的三位一体、深度复合的高品质实务能力，才会在专业服务中发挥不可替代的作用。

2. 积极创新的意识与能力

社会需求对应用型人才的定位不是机械刻板、墨守成规，而是能够不断发现问题、解决问题，具有积极开拓创新的个性品质。对社会工作应用型人才的创新性要求主要表现为：其一，人的问题的复杂性、社会问题的复杂性决定了社会工作者不能简单套用理论、方法模板去解决，而是要能够依靠自身的实践智慧、针对问题的境遇性而机智灵活地予以应对处理；其二，西方社会工作理论在中国传统文化境遇中、当前社会治理国情下需加以本土化改造，社会工作者要能够不断推进本土社会工作理论及服务经验的创新；其三，当前社会治理形势下，需要社会工作者有足够的胆识、担当、智慧去扩大社会工作行业规模、拓宽社会工作服务市场、促进社会工作事业繁荣。

3. 服务基层治理的情怀

社会工作是加强社会治理的重要专业力量。社会工作应用型人才要积极主动参与到社会治理体系与治理能力现代化建设之中，具有服务基层社会治理与有需要人群的心向。专业价值观与情怀既是社会工作应用型人才的素质之一，又是应用型人才素质培养的基础，其决定了应用型人才的培养质量和岗位服务状况。社会工作应用型人才应具有扎根基层、服务民生的社会责任感，坚定社会工作作为助人事业的职业信念，助力人们摆脱个体困境、恢复自身社会功能、协调个人与社会关系；具有在专业工作岗位上尽职尽责的职业道德观念，秉承尊重、接纳、个别化等专业价值观念，依据公平正义、生命至上等原则审慎处理服务中发生的伦理问题。

4. 跨岗位的综合服务能力

随着社会工作服务的发展，不同领域都出现了社会工作岗位与服务项目的需求，对人才培养提出了很大的挑战。它要求社会工作专业所培养人才不仅能够针对不同领域不同群体进行一线具体服务，而且能够从事社会事业管理、社会组织运营、慈善基金运作等工作。即社会工作应用型人才要具备进行跨岗位工作的"实务+"的能力，包括政策能力、管理能力、运营能力、组织能力、服务能力等多种能力，要具备一专多能的素质、综合服务能力，以适应社会工作岗位流动、岗位合作、项目运行的需要。

社会工作专业应从培养应用型人才的特性出发，自觉加强实务型人才培养，积极回应新建地方本科院校应用型建设与发展的要求，积极与当地经济与社会发展的现实服务需求有机结合，在这个过程中，社会工作专业的实务性特征才会得以充分彰显，自身的专业建设与发展才能愈发成熟，更好地满足当下社会治理体系与治理能力现代化的需要。

(二) 社会工作专业教育存在的现实问题

总结山青院社会工作专业的办学过程，发现在教育教学方面存在以下主要问题，这些问题制约了社会工作专业实务型人才的培养，且这些问题在我国社会工作专业教育教学中也具有一定程度的代表性。

1. 人才培养方案缺乏对接需求，目标导向尚需明确

以往社会工作专业人才培养方案的制定，在专业课程的设计上，只是保证了全国社会工作教育协会规定的10门核心课程，但课程之间的逻辑关系、课程内容、开设学期与学时等缺乏科学的设计与考量，一定程度上存在着因人设课的情况，缺乏聚焦培养社会所需要的社会工作专业人才的角度，缺乏对学生专业能力与课程设置的深入逻辑对应研究，更缺乏培养的实践导向。

2. 专业实践场域、资源不足

改革开放以来，我国社会工作专业教育恢复与重建，1988年北京大学开设社会工作与管理专业，远远早于社会工作专门岗位的设置，因此，在社会工作专业人才培养上一开始就缺乏实践教学平台。以山东省济南市为例，济南市是全国社会工作最早的试点城市之一，但2008年济南市才出现3人的社会工作岗位，2009年开始拥有2个专业社会工作机构，2010年以后济南市民政局开始购买岗位社会工作者，但在当时社会工作的整体社会认知度较低，购买的社会工作岗位只能解决个别毕业生的就业问题，无法解决社会工作专业学生普遍性就业问题，而且因为待遇低流失率较高。尽管近些年来社会服务机构数量不断呈现上升趋势，但是总体来看，人才培养还是比较缺乏现实的社会工作专业服务场域，专业实践平台与资源明显不足，社会工

作专业的社会实践、专业实习安排受到限制，呈现零散、不系统的状态。

3. 实践教学简单模拟化特征明显

山青院的社会工作实验室建成于2009年，当时的实务训练主要依赖课堂案例分析与实验室模拟演练。这种情景模拟、角色扮演等方式与真实服务的真操实练相差较大，学生的课堂参与度尽管较高，但是学生的现实专业应变能力受到一定的限制，因为课堂的模仿都是事先人为设定的内容与方式，都是学生们熟悉的同学扮演的角色，缺乏现实社会工作服务的真实情景性。而实务训练基本上是教师对自己所教授课程的设计，而较少从课程整合角度、学段角度、学生实务能力基础的角度进行一体化、系统化设计。

4. 绝大多数教师缺乏专业背景与训练

自社会工作专业开设以来，在相当长时间内，社会工作专业师资往往都是从其他专业转过来的，缺乏社会工作专业教育与训练，尽管中国社会工作教育协会也曾经开展了不同课程与类型的培训，但是这种培训缺乏一定的系统性，培训的时间还不足以保证形成教师较强的专业理论与实务能力。只是到2000年前后，受过社会工作专业教育的教师才逐渐增多，即使是这些受到社会工作专业教育的教师，往往他们所接受的专业教育多是西方社会工作的有关理论，缺乏专业社会工作服务实践的锻炼，使社会工作专业教学不够聚焦现实需求、缺乏专业理念引领，存在教学上理论讲授过多、实践教学不足，学生的专业认同度不高、实务能力不强等诸多问题。山青院社会工作专业教师团队直到2013年才开始有社会工作专业教育背景的教师，之前的教师都是从其他专业转过来的，都是通过自学和参加中国社会工作教育协会举办的一些短期培训班来提高自己的社会工作专业理论知识和能力，教师自然缺乏相应的专业自信。

以上问题的存在，制约了社会工作应用型人才的培养。为解决社会工作专业教育中所在的现实问题，更好地探讨青少年社会工作实务型人才培养模式，提升教师的督导能力与学生的实务能力，2014年2月，山青院社会工作专业在学校的支持下成立了社会服务机构"济南山青社会工作服务中心"，通过承接政府购买社会工作服务的方式，将社会工作专业的实践教学由实验室的模拟转变为与真实的社会工作服务相结合，先后与共青团济南市中区团委开发、策划并实施了"花young年华"系列社区青少年社会工作服务项目，同时承接了共青团山东省委12355青少年公共服务台和"青年之声"的购买服务，协助共青团山东省委有效整合了省财政福彩公益金950万，在全省基层社区建构了90个项目点，打造了全省社区青少年社会工作示范工程，整合山东省高校社会工作教师与社会工作服务机构资深实务工作者建立了将近40人的督导队伍，有效地建构了各高校共享的实践实习基地。同时，协助共青团山东省委推进"青春同行·益暖齐鲁"贫困青少年关爱项目86个，有效地推进了山东省青少年社会工作事业的发展。这些为青少年社会工作实务型人才培养模式的探讨提供了实践场域与平台，为教师督导能力的提高和学生的专业实习提供了真操实练的机会与载体，同时也为社会工作专业教学改革方向的确立、人才培养方案的设计、课程体系的重构提供了现实的依据，极大提高了山青院青少年社会工作实务型人才培养的质量。

从青少年社会工作教育教学情况来看，尽管青少年群体是国家发展的有生力量，青少年社会工作专业人才是社会工作专业人才的重要组成部分，但是目前国内高校社会工作专业在青少年社会工作教育方面的情况不容乐观，很少有高校明确地把青少年社会工作人才培养作为特定的培养方向，专业化的青少年社会工作人才的培养往往被笼统地包括在整体性的社会工作专业人才培养当中。课程设置方面涉及青少年社会工作的内容比较少，不够丰富、不成系统，如有的学校设置了专门的青少年社会工作课程，有的学校将青少年社会工作的内容放在了群体社会工作课程之中，有的学校根本就没有设置青少年社会工作相关的课程。青少年社会工作教育教学的方法比较传统，实践教学也只是学生的社会实践活动，主要体现为志愿服务活动，较为缺少专业化的实践场域，相关实务训练难以有效开展。因此，学生对青少年社会工作不能形成系统化、科学化的认识，实务服务能力整体不强，就业时从事青少年社会工作的意愿、心向比较淡漠，而这造成的结果往往就是青少年社会工作人才培养不仅在数量上难以满足社会需求，而且在质量上也难以保证。此种情况亟需扭转、改变，高校社会工作专业中青少年社会工作实务型人才培养亟待加强。

总之，青少年社会工作实务型人才培养模式研究是社会工作专业发展之需、新建地方本科院校办学之需、国家大力推进社会工作事业发展之需。山东青年政治学院作为全国唯一本科层次的青年政治学院，我们有责任、有能力发挥自身优势，加强青少年社会工作实务型人才的培养与研究，在目前全省青少年社会工作发展格局初步成型的基础上，进一步为山东乃至全国输送青少年社会工作实务型人才及相关研究成果，为山东青少年社会工作人才队伍建设、为平安山东、经济文化强省建设、为山东1300万青少年的健康成长做出更大贡献。

第二节 文献综述

社会工作是一门应用性极强的专业，青少年社会工作服务是社会工作实务的重要领域。随着国家社会工作事业的大力推进、新建地方本科院校应用型专业建设的逐步深化，青少年社会工作实务型人才培养模式的探讨成为当下迫切需要关注的重点问题。国内外有关青少年社会工作研究及实务人才培养研究状况成为我们研究的基础。

一 国内研究

国内有关青少年社会工作研究始于20世纪90年代，基本是对共青团工作创新的探讨与香港青少年社会工作经验的介绍。21世纪初有关研究出现了系统化、理论化的特点。2005年陆士桢、王玥的《青少年社会工作》是第一本系统性的教材，为青少年社会工作人才培养提供了范本与依据，章友德（2010年）、王玉香（2012年）主编的《青少年社会工作》的出版，表明高校教师探讨青少年社会工作人才培养更为深入。青少年社会工作相关研究的论文不断增多，出现理论与视角的多维度、实务型研究与经验不断增多、人才培养的相关探讨增加的特点。

（一）青少年社会工作理论与实践教材

随着社会工作教育的发展，青少年社会工作实务的展开，青少年社会工作理

论研究出现了较为明显的实务倾向，一是对一些优秀经验的总结与借鉴，二是对相关青少年问题解决的专业路径与策略探讨。

1. 青少年社会工作理论研究

（1）形成了多种取向的青少年社会工作价值与功能

其一，马克思主义社会工作取向。认为传统西方社会工作的实务取向是以"案主—个体治疗"为中心，而依据马克思主义社会工作的理论，在不否认个体本身原因的前提下，应坚持实施以"案主—结构分析"为中心，强调结构而非个体的、解放而非控制的、事实而非建构的、变革而非适应的实务取向①。具体到青少年社会工作而言，要重视青少年的主动性，重视家庭环境、社会环境与青少年行为间的双向互动，尤其是要强调环境对青少年行为的决定性影响作用。其二，微观和宏观、实务性与学理性、介入性与嵌入性结合的社会工作实务取向。认为要把社会工作和某一核心工作有机结合起来，围绕核心工作而展开社会工作②。具体到青少年社会工作而言，就是服务要下沉

---

① 邓玮：《马克思主义社会工作的实务取向及现实启示》，《华东理工大学学报》（社会科学版）2014年第4期。

② 周沛：《谈社会工作实务的"介入性"与"嵌入性"》，《浙江工商大学学报》2011年第4期。

到青少年所在的学校、社区中去，使服务融入青少年的个体生活和公共生活。其三，发展取向。肯定了青少年是具有无限发展潜能和独特创造力的个体，强调个体的生活经验和社会关系的相互影响，要求重点专注于青少年的正面能量与优势，以及其内部和外部的社会资本与优势，通过了解和善用青少年所具有的优势资源和能力，帮助青少年认识自我价值，了解自身优势，增强自我认知的能力和自信心，重建自我适应社会角色的渠道，从而提高自我效能感，最终使青少年能有效地面对和解决个体或社会问题①。

（2）形成了青少年社会工作相关服务策略与工作理论

其一，系统化的服务策略方法研究。包括青少年社会工作的个案工作方法、小组工作方法、社区工作方法，发展性、矫正性、预防性青少年社会工作服务策略②。其二，社会质量理论研究③。认为以社会质量视角研究青少年社会工作与社会政策，可以从社会经济保障、社会融合、社会包容和社会赋权四个维度展开，它可以展示青少年发展与社会发展之间的关系，青少年与社会制度、体系和组织之间的制度性联系，以及青少年与社区、家庭、其他群体之间的互动关系，从而为青少年社会工作与社会政策研究提供一个宏观的理论框架。其三，可能自我理论研究④。认为可能自我是个体对自己未来可能性的设想，包括个体可能成为什么样的人、想要成为什么样的人以及害怕成为什么样的人的自我概念。青少年正处于形成自我、计划将来的重要时期，他们对自己将来各种可能性的思考，会直接影响到他们追求理想的努力程度与信心。可能自我理论可供我国社会工作者进行个案辅导与小组工作参考，以更好地了解青少年期的特征，从而促进青少

---

① 魏雁滨：《发展导向的青少年社会工作》，《青年探索》2014年第1期。
② 陆士桢、王玥：《青少年社会工作》（第二版），社会科学文献出版社2010年版。
③ 张佳华：《社会质量理论：青少年社会工作与社会政策研究的新视角》，《青年学报》2014年第1期。
④ 朱诗敏：《可能自我理论及其在青少年社会工作中的运用》，《社会工作与管理》2015年第3期。

年的正向发展。其四，抗逆力理论研究①，以留守青少年为例，认为要重构农村留守青少年成长环境的优势，关注他们自主性发展的特殊性，通过培育留守青少年自身的内在保护因素和家庭、学校、社区等外在保护因素的方式，来建构以留守青少年自主性能力提升为核心的关爱支持体系，激发留守青少年的内在潜能，提升其积极主动应对留守困境的抗逆力。

（3）形成了青少年多样问题解决的社会工作介入策略

如社会工作视角下青少年情绪问题的疏导②，认为从社会工作的角度开展个案社会工作、小组社会工作、学校社会工作与社区社会工作以及社会政策的综合处遇，是解决青少年情绪问题的有效途径。青少年网络成瘾介入研究③，认为治疗网瘾问题，需要超越生物医学模式，引入社会工作的理念，注重其成瘾的社会情境与内在潜能的作用。流浪青少年的小组工作方法介入④，通过人际交往主题小组的开展，探讨小组工作方法在流浪青少年人际交往能力培养中的有效性，及其制约因素。留守青少年偏差行为的社会工作介入⑤，为服务对象青少年提供专业的社会工作服务，改变其非理性认知、修正其一般偏差行为。青少年犯罪矫治的社会工作介入⑥，将社会工作的专业理念和方法应用到青少年违法犯罪的矫治过程中，逐步完善管制和矫正的策略和方法，使犯罪青少年能够更好地融入社会。社会工作介入青少

---

① 王玉香、杜经国：《抗逆力培育：农村留守青少年社会工作服务的实践选择》，《中国青年研究》2018年第10期。
② 刘斌志：《社会工作视阈下青少年情绪问题的归因及其处遇》，《山东省青年管理干部学院学报》2006年第6期。
③ 程福财：《青少年网络成瘾与社会工作的介入》，《当代青年研究》2009年第9期。
④ 张秋娟：《小组工作方法在流浪青少年人际交往能力培养中的应用》，硕士学位论文，苏州大学，2012年。
⑤ 韩爱雪：《朝鲜族留守青少年一般偏差行为的社会工作介入》，硕士学位论文，中央民族大学，2013年。
⑥ 刘燕：《青少年犯罪矫治的社会工作介入机制》，《山西师大学报》（社会科学版）2014年第S2期。.

年社会教育①，认为有效地解决青少年社会教育问题，必须实现教育的常态化和制度化。青少年网络欺凌的社会工作介入②，从早期预防、危机干预与涉罪欺凌者方面入手，探讨社会工作介入青少年网络欺凌的可能路径。青少年抑郁倾向的社会工作干预③，分析了青少年产生抑郁症或者抑郁倾向的社会学和心理学原因，并从社会工作的视角提供科学有效地克服抑郁的方法。

2. 青少年社会工作实践研究经验

（1）大陆青少年社会工作领先地区经验

大陆青少年社会工作首先是在上海、广州、深圳等经济社会发展水平较高的地区开展起来的。如上海，自2003年起就启动了"政府主导推动、社团自主运作、社会多方参与"为总体思路，以政府购买服务制度为运作方式，以实施禁毒、社区矫正、社区青少年社会工作服务为主要内容的上海市预防和减少青少年犯罪工作体系，通过十余年的实践探索，在政府购买服务制度、社会工作服务发展、社会组织和社会工作人才队伍建设、政社关系构建等方面取得了显著成效，在青少年社会工作实务方面，逐步实现了从个案工作、小组工作、社区工作方法的选择性使用，到项目化运作、固定阵地服务等专业方法的整合运用④。如广州，自2007年被团中央等有关单位确定为全国首批青少年事务社会工作试点城市以来，通过政府购买青少年事务社会工作服务的方式，推动"参与活动、志愿服务、体验式学习、技能培训、文化素质培养、升学和就业支持、人生规划"等青少年社会工作项目的实施，优化了青少年健康成长环境，打造了一支政府体制外专

---

① 方礼刚：《社会工作介入青少年社会教育的途径和方法》，《社会工作与管理》2016年第2期。

② 任娟娟、靳宇、郭燕霞：《青少年网络欺凌问题及其社会工作介入》，《预防青少年犯罪研究》2017年第6期。

③ 徐文秀、董海涛：《青少年抑郁倾向的社会工作干预》，《心理月刊》2019年第11期。

④ 费梅苹：《上海青少年社会工作专业化发展的十年回顾与展望》，《青年学报》2014年第4期。

业化、职业化、本土化的青少年事务社会工作队伍①。近年来，又通过设置家庭综合服务中心的方式来开展全方位、阵地化的青少年服务工作。如深圳，自2006年起，共青团深圳市委开展了"青年社工服务站"试点工作，致力于在全市构建"社工+义工"青少年服务体系。这一服务体系以社会和谐为目标，以社会主义核心价值体系为价值取向，以直接关系青少年成长发展的青少年现实利益为服务重点，以各级党政支持为基本保障，以共青团作为组织保障，以青少年社会工作人才队伍的职业化和专业化建设为实现手段，与全社区社会工作的整体进度同时推进，形成"政府推动、社团主导、社会共建"的青少年社会工作联动机制②。

（2）我国港台地区青少年社会工作经验

港台青少年社会工作要求从业者从专业的视角来思考服务对象青少年的长远利益和人生发展、生存技能等关键性问题，青少年社会工作服务得到较为全面的铺开，在服务内容上包括文教、卫生、医疗、家庭服务、职业辅导、婚姻服务、青年权益保护等方面③。在服务方式上注重加强学校社会工作，在中小学实行"一校一社工"模式。自2019年以来，香港又推行"一校两社工"制度，以增强青少年精神健康及提升抗压能力④。除了学校社会工作外，香港的青少年社会工作服务形式与内容还包括综合青少年服务中心、课余托管计划、外展青少年社会工作服务、青年热线服务、地区青少年发展资助计划、戒毒治疗及康复服务、边缘青少年社会工作服务、"共创成长路"——赛马会青少年培育计划等⑤。

---

① 李海、王军芳：《青少年事务社会工作的探索与实践——以广州"青年地带"青少年事务社会工作者试点为例》，《青年探索》2009年第4期。
② 张文：《深圳青少年社会工作探索与展望》，《中国青年研究》2007年第7期。
③ 庄晓芸：《香港青少年社会工作的经验及其启示》，《云南财经大学学报》（社会科学版）2009年第2期。
④ 《一校两社工 增强中学心理辅导》，《大公报》2019年2月28日，第A8版。
⑤ 徐从德：《香港青少年社会工作服务及对内地的启示》，《社会工作》2014年第1期。

(3) 山东省青少年社会工作状况

山东省青少年社会工作岗位于2008年就已经存在了，主要是济南市民政系统的儿童福利院等设置事业单位编制的社会工作岗位等，而以项目运作的青少年社会工作服务起步相对较晚，具体时间为2011年，以共青团市中区委与济南市基爱社会工作服务中心共同打造的"花young年华·青年空间"青少年社会工作服务项目落地为标志。2014年以后青少年社会工作服务开始取得了飞速的发展，社区青少年社会工作服务开始集中性出现，如以"济南山青社会工作服务中心"承接、共青团市中区委协调、街道办事处购买服务，共同打造的"花young年华·家校护航""花young年华·青春同行""花young年华·青春启航"等系列青少年社会工作服务项目。同时，在省级层面建构了以共青团山东省委12355青少年公共服务台为载体、以青少年权益保护为目标的全省社区青少年社会工作服务体系，通过争取省财政福彩资金950万的支持在全省基层社区打造了青少年社会工作服务示范站点90个，打造全省社区青少年社会工作示范工程；同时，聚焦贫困青少年关爱活动，支持实施了"青春同行·益暖齐鲁"贫困青少年关爱项目累计86个。基本形成了以流动、留守、贫困等重点青少年群体为主要服务对象的青少年社会工作服务体系，形成了学校与青少年社会工作服务相结合，共青团干部+社会工作者+志愿者的青少年社会工作服务模式。2016年山东省民政厅打造山东省社区治理暨养老服务实验区17个，历时三年，要求各实验区都要拿出400万元的专门资金购买社会工作服务，其中针对青少年群体的社会工作服务就是三类购买项目之一，即"快乐同行"青少年社会工作服务项目，这也极大地促进了青少年社会工作在全省的推广。近几年，山东各地市青少年社会工作机构不断增加，出现了医务、司法、禁毒等新的社会工作服务领域。当然，青少年社会工作发展出现了明显的不平衡现象，如济南、青岛、烟台、潍坊等相对发展得迅速一些，有些地市的推进相对较慢。这既与山东省整体社会工作发展的政策和各地经济社会发展的程度有关，也与专业社会工作人才缺乏有关。

（二）社会工作人才培养

自我国改革开放以来，尤其是随着社会治理的逐步开展、深化，培养专业化社会工作人才成为国家、社会发展的当务之急。从广义角度来说，我国的社会工作人才培养包括相关组织、部门开展的所有社会工作人才培养的相关政策、活动；狭义角度来说，社会工作人才培养主要是高校所进行的教育活动。

1. 社会工作人才政策

近年来社会工作人才培养的蓬勃发展，主要得益于国家在人才政策方面的推动。人才政策主要表现为以下四个方面①。

第一，以综合政策为引领，出台了《关于加强社会工作专业人才队伍建设的意见》和《社会工作专业人才队伍建设中长期规划（2011—2020年）》两个关键性文件，推动将社会工作纳入人才强国、脱贫攻坚、乡村振兴等国家战略决策中，奠定了社会工作发展的制度基础。

第二，以专项政策为支撑，重点围绕人才培养、评价、使用等环节，会同有关部门制定了社会工作考试评价、继续教育、道德规范、购买服务、机构发展、岗位开发等专项政策，有力地规范和促进了社会工作专业人才队伍建设。

第三，以相关领域政策为延伸，联合有关部门印发了促进社区服务、社会救助、留守青少年关爱保护、灾后服务、禁毒戒毒、社区矫正、心理健康、脱贫攻坚、职工帮扶、青少年事务等领域社会工作发展的专门文件，推动社会工作从民政领域延伸拓展到民生保障和社会治理重点领域。

第四，以行业标准为补充，推动成立了全国社会工作标准化委员

---

① 王勇：《我国持证社工达44万人，社工机构7500多家》，《公益时报》2019年2月19日第6版。

会，发布了儿童社会工作、老年社会工作、社区社会工作、社会工作服务项目绩效评估、个案工作方法、小组工作方法6个方面的行业标准，为规范社会工作服务管理提供了技术支持。

2. 社会工作专业教育

社会工作专业教育在社会工作人才培养方面是主要阵地，高校是其中的主体性力量。社会工作专业教育是由专门组织、机构或专业人员对个人施以专门的教育训练，使之在专业知识、技能和专业价值伦理以及实践经验等方面符合社会工作专业实践要求，完成个体专业社会化的过程。社会工作专业教育对于社会工作专业的发展而言有两个方面的作用，一是社会工作教育可以为社会工作专业准备合格的专业人员，二是社会工作教育具有创新社会工作专业知识和实务模式的功能[①]。

我国社会工作专业教育具有"后生快发""教育先行"的特点，其在没有现实岗位时就已经存在，在国家大力支持与推动社会工作教育事业发展下，尤其2000年以后，社会工作教育发展速度迅猛，注重借鉴西方、港台的经验，以外延式扩张为主[②]。在人才队伍培养方面，学历教育逐渐完善。全国现有348所高校设立社会工作本科专业，每年培养社会工作本科、硕士、博士毕业生近4万名[③]。具体而言，社会工作专业教育在社会工作人才培养的理论与实践研究方面主要进行了如下探索：

（1）社会工作人才培养理论研究

有关社会工作人才培养理论的研究，涵盖了人才培养过程的各个环节。

第一，人才培养的素质结构研究。李林凤认为社会工作专业学生

---

① 王思斌：《社会工作导论》，高等教育出版社2011年版，第274页。
② 史柏年：《社会工作专业教育发展》，社会科学文献出版社2009年版，第386页。
③ 徐健：《2018年度中国社会工作发展报告发布》，《公益时报》2019年3月26日第7版。

能力培养主要包括：提供专业化服务的能力、对基层事务的组织和管理能力、社会调查的能

力、研究问题和解决问题的能力①。马灿指出，青少年社会工作者的素质结构分为帮助与服务素质、专业素质、领域素质三类②。费梅苹从专业价值和态度、知识范围、专业能力等几个方面对社会工作者的专业能力进行了分析③。刘斌志、梁谨恋认为儿童社会工作者的核心能力具体表现为核心价值理念、核心学科知识以及核心方法技术三个维度④。

第二，人才培养模式研究。总体上，社会工作人才培养日益朝向专业化、专门化、具体化、多样化、综合化方向发展⑤。具体来说，随着社会工作教育的不断发展，人才培养模式呈现多样化趋势。比如，参与式社会工作应用型人才培养模式⑥，把学生放在教育教学活动的主体位置，重视学生的自我增权。服务导向的社会工作人才培养模式⑦，在培养体系中增加服务学习的环节并加强服务类课程的建设；在培养过程中，强化与社区、机构的协作关系；在培养机制中，加强对服务质量的管理与评估。校—政—机构合作背景下社会工作专业人才培养模式⑧，认为学校与地方政府部门或相关社会服务机构以签订合作协议的方式，明确规定双方的权利与义务，利用双方的资源优

---

① 李林凤：《回顾与展望：关于国内社会工作专业学生能力培养的思考》，《广西教育学院学报》2005年第5期。
② 马灿：《青少年社会工作素质模型构建研究》，《青年探索》2012年第4期。
③ 费梅苹：《上海青少年社会工作者专业能力建设的行动研究》，《华东理工大学学报》（社会科学版）2007年第4期。
④ 刘斌志、梁谨恋：《论儿童社会工作者的核心能力及培育策略》，《青年探索》2018年第4期。
⑤ 王瑞鸿：《多维视野中的青少年社会工作本土探索》，《上海青年管理干部学院学报》2007年第3期。
⑥ 陈晓敏：《参与式教学：社会工作应用型人才培养的应然选择》，《现代教育科学》2011年第7期。
⑦ 张乐：《服务导向的社会工作人才培养模式探析》，《社会工作》2014年第5期。
⑧ 刘媛媛、李树文：《校—政—机构合作背景下社会工作专业人才培养模式研究》，《中国社会工作》2018年第28期。

势,共同培养社会工作专业人才。

第三,人才培养的教学模式与方法研究。如课堂实践、机构实习、社团实践、毕业实习四位一体的实践教学模式,实现实验室教学和课外实践教学相结合、阶段性观摩活动与定期实习相结合、实习与毕业论文及学年论文的写作相结合、机构督导和学校督导相结合①;基于职业岗位需求和工作过程,实施包括教学技术取向模块、服务人群取向模块、需求取向模块、综合实训模块在内的项目化教学②;教师、学生与机构三赢的社会工作专业实习模式③;以项目为平台探讨社会工作实务课程教学改革模式,构建了教师科研模块、机构项目模块、自主项目模块、考核改革模块在内的项目式教学四模块模式④;社会工作专业"自我发展教育"模式⑤,搭建学生"自我发展"的框架,将与自我相关内容渗透到各个教学环节之中,学生在教师的引导之下,经过自我认识、自我体验、自我调节,逐步强化自我意识,最终获得自我同一性,形成积极的自我认同。

第四,人才培养存在的问题研究。李迎生等从宏观层面指出,我国社会工作教育面临的挑战主要包括:教育模式比较单一,难以培养出可以适应社会多样化需求的人才;缺乏中西兼收并蓄的教育人才;过多注重西方经验,对本土经验关注不足;教育过程中存在着严重的失衡,如区域间、高校间、培养方向间的不平衡等;社会工作专业依附在社会学学科框架下,束缚了社会工作自身的发展;社会工作的职业声望和社会认同度较低,影响了社会工作专业学生的就业选择;专

---

① 杨旭:《四位一体:社会工作专业的实践教学模式研究》,《河南教育学院学报》(哲学社会科学版),2010年第6期。
② 陈宇鹏:《基于项目化教学的高职社会工作实务课程设计与实践》,《职教论坛》2011第6期。
③ 卓彩琴:《社会工作专业三赢实习模式建构与实践——N大学社会工作专业实习行动研究》,《教育教学论坛》2012年第2期。
④ 刘丽晶:《培养实用型人才的社会工作实务课程项目式教学改革研究》,《经济研究导刊》2014年第25期。
⑤ 王婷、刘光宁:《社会工作专业"自我发展教育"模式的构建》,《高教学刊》2015年第19期。

业教育与职业发展脱节；社会工作专业团体数量较少，且发展不足，导致就业受限等①。微观方面存在的主要问题包括：学生专业认同不高，各地大学生对社会工作专业和职业认同程度总体上处于中等水平，但在情感、价值理念以及专业和职业选择等几个方面的得分水平较低②，实验室建设不完备③④、社会工作实习教育的经费不足⑤等。

  第五，人才培养存在问题的对策研究。针对社会工作专业人才培养不足的问题，杨贵华、王瑞华建议：社会工作专业要增设具体的专业方向、增设特色课程，以提高社会工作专业学生的就业竞争力⑥。丁慧敏建议：建立学校、社工机构和政府职能部门的有机联动模式，实施社会工作督导体制机制，推动社会工作专业人才的本土化培养⑦。郭未、沈晖认为，需要在社会工作专业教育环节中设置非传统社会工作培养模块，提供社会工作专业知识和技能转换的通道，使得有志于在职业取向上从"传统"的第三部门的社会工作实务部门，走向"非传统"的公益基金会、政府、企业等相关机构的社会工作专业学生，能得到相应的知识提升与技能训练，从而具有更广阔的职业发展空间⑧。孙晓珍指出，课程建设是社会工作专业人才培养的基础，应进一步加强职业化需求为导向的社会工作专业人才培养与课程建设⑨。

---

  ① 李迎生、韩文瑞、黄建忠：《中国社会工作教育的发展》，《社会科学》2011 年第 5 期。
  ② 易松国：《社会工作认同：一个专业教育需要正视的问题》，《学海》2019 年第 1 期。
  ③ 陈雷：《困境与出路：高校社会工作专业实践教学模式探析——以华北电力大学社会工作专业人才培养模式为例》，《科技信息》（学术研究）2008 年第 36 期。
  ④ 安民兵：《社会工作专业实践教学模式的反思与探索》，《社会工作》2007 年第 12 期。
  ⑤ 万江红、逯晓瑞：《从参与角色看中国社会工作实习教育的现状》，《社会工作》2008 年第 9 期。
  ⑥ 杨贵华、王瑞华：《高校社会工作专业人才培养面临的主要问题及对策》，《社会工作》2004 年第 2 期。
  ⑦ 丁慧敏：《社会工作人才培养的本土化模式与对策研究》，《学习论坛》2018 年第 12 期。
  ⑧ 郭未、沈晖：《从传统走向非传统：社会工作专业教育的新取向》，《南京大学学报》（哲学·人文科学·社会科学）2018 年第 5 期。
  ⑨ 孙晓珍：《职业化需求导向的社会工作专业人才培养及课程建设》，《中国成人教育》2017 年第 10 期。

（2）社会工作专业建设与人才培养的院校改革实践研究

在社会工作教育方面，国内不少高校遵循国际通则与本土经验、价值观教育与知识技能教育、知识传授与能力培养、学历教育与职业培训、专业教育与社会教育并重等原则，构建实践性课程体系，增加专业见习、专业实习时间，加强专业实验室、实践教学基地建设，加强专业督导。代表性的探索有：中国青年政治学院社会工作专业构建了导入型实践教学、基础型实验教学、服务型专业实习和研究型实践教学四个层次系统的实践教学模式[①]。北京青年政治学院社会工作专业探索了能力为本的社会工作专业课程建设，坚持以职业能力为本，特别强调培养学生的综合职业能力，课程开发遵循"确定职业岗位或岗位群、分析岗位职业能力、建设专业课程"的思路，课程设计依据职业能力培养目标安排教学内容、教学方式、教学环节和考核方式[②]。华南农业大学社会工作专业加强实习基地、实验室建设，注重专业性培养；完善激励机制，促进教师积极参与社会实践活动，增强教师的实习督导经验；加强与国外同行的联系与合作；将学生分成不同方向，从而"因材施教"[③]。广东青年职业学院社会工作专业构建了实习生、学院、教师、实习机构、机构督导、实习小组等"六位一体"的高职社会工作专业实习模式[④]。长春工业大学进行了课堂实训、机构实习、项目实习、考核实效、科研实用等"五实交互"应用型人才培养实践探索[⑤]。山东青年政治学院社会工作专业依托省级教改项

[①] 周军：《高校社会工作专业实践教学模式研究》，《中国青年政治学院学报》2010年第2期。

[②] 袁光亮：《职业能力为本的社会工作专业课程建设的探索——以北京青年政治学院为例》，《中国职业技术教育》2012年第19期。

[③] 卓彩琴、张兴杰、钟莹、苏巧平：《社会工作专业的魅力在实践中展现——华南农业大学社会工作专业实践教学反思》，《社会工作》2006年第4期。

[④] 林淼：《"六位一体"高职社会工作专业实习模式探索——以广东青年职业学院社会工作系为例》，《广东青年职业学院学报》2014年第2期。

[⑤] 高春兰、杨海龙：《社会工作专业"五实交互"应用型人才培养实践——基于长春工业大学社会工作专业教育教学经验》，《教育现代化》2018年第17期。

目进行了基于团体动力学的"分组教学"模式的探索①。

（三）青少年社会工作人才培养

青少年社会工作人才培养根本上是建立在相关政策不断出台基础之上而进行的改革实践。2014 年《关于加强青少年事务社会工作专业人才队伍建设的意见》、2016 年《共青团中央改革方案》、2017 年《中长期青年发展规划（2016—2025 年）》等国家政策以及对这些政策予以落实的地方政策的出台，大力推进了青少年社会工作人才培养的速度与规模。

共青团组织在推进本土青少年社会工作、建构青少年社会工作人才队伍方面发挥了关键作用。党和政府赋予了共青团组织支持青少年社会工作发展的明确任务、地位与要求，中共中央办公厅印发的《共青团中央改革方案》明确提出，要建设"团干部+社工+青年志愿者"队伍②。协助政府管理青少年事务，是共青团组织的职责。新时期共青团组织通过整合优势资源，形成青少年事务良好的社会支持系统；培育社会服务组织，推动青少年服务项目的开展；注重虚拟服务平台建设，虚拟与现实服务相结合；青少年事务工作者培训与青少年事务督导的常规化保证等多种途径与方式，去建构青少年事务的社会工作体系③。

总体而言，青少年社会工作人才培养还比较薄弱。在我国高等院校中，无论是普通高校，还是高职院校，设置涉及青少年社会工作范畴专业的学校并不多，而且招生规模不大，因此，高学历专业社会工作从业者的后备人才储备有限、供应不足。基于社会认知度不高、岗位吸引力不强等原因，导致社会工作专业的大学毕业生专业不对口择

---

① 王玉香、权福军、王焕贞：《社会工作专业实验课程分组教学的研究与评估》，《山东青年政治学院学报》2011 年第 5 期。

② 袁光亮：《本土青少年社会工作的中国特色与发展思考》，《北京青年研究》2018 年第 1 期。

③ 王玉香：《社会工作视角下新时期共青团组织协管青少年事务探讨》，《山东青年政治学院学报》2012 年第 3 期。

业较多、入行后流动频繁的现象十分明显。另外，采用社会招聘其他专业大学生为社会工作者，鼓励将志愿者转为社会工作者的举措虽有成效，但由于培训制度尚未健全，资质考核工作亦未成熟，开展继续教育以提升其专业能力的途径还未疏通，这些都制约着青少年社会工作专业人才队伍的壮大与专业水平的提升①。

具体到青少年社会工作课程的教学模式方法研究，主要有以下研究成果：

其一，互动开放式教学模式。主要是以高校与社会工作机构的优质教学资源互通共享为目标，以改进课程教学、教学共同体、教学互动、教学内容与教学文化等为要义，通过学生自主选题，教师讲解基础知识，教师与社会工作机构专业人士提出服务项目，学生团队完成项目设计，教师与社会工作机构专业人士评估项目设计，社会工作机构专业人士指导学生实施服务项目等6个步骤完成教学过程②。其二，OBE教学模式。具体表现为，青少年社会工作作为一门实践性课程，要求学生在掌握理论知识的基础上更需学会将理论运用于实践；传统教学模式注重理论教授，无法满足在青少年社会工作实践中学习的要求。通过实施以成果导向、学生本位、持续改进为指导的OBE教学模式，帮助学生掌握社会工作职业所需的核心技能，为地方发展提供专业人才支撑③。其三，情境教学法。主要是围绕相关教学情境任务，教师组织学生组建学习小组，为学生的学习搭建社会工作专业的情境学习平台。学生依托这一平台组建学习小组，共同认识青少年，领悟专业理论知识，掌握专业方法，增强专业认同，进而为自己的未来发

---

① 张雪黎：《青少年事务社会工作专业人才队伍建设思考》，《青年发展论坛》2017年第1期。

② 贾冰云、王志中：《高校与社会工作机构互动开放式教学模式探讨——以山西医科大学"青少年社会工作"课程为例》，《广东青年职业学院学报》2019年第1期。

③ 王孝羽：《OBE教学理念在青少年社会工作课程中的应用研究》，《教育教学论坛》2019年第46期。

展奠定坚实的基础①。其四,项目教学法。这是一种以项目为教学任务的实践性教学方法,主要包括项目设计、学生分组、小组项目立项、自主学习与项目开发、阶段小结与交流等环节流程②。

二　国外研究

20世纪上半叶,西方青少年研究出现了学科化的发展,形成了生物学理论、精神分析理论、心理社会理论、社会学习理论、社会认知理论、生态系统理论、人类学理论等与青少年成长发展相关的理论,这为现实中的青少年社会工作提供了理论基础③。

(一) 国外青少年社会工作理论与实践

在青少年以及社会工作研究学科化、专业化发展的基础之上,随着青少年社会工作实践的推进,又形成了具体的青少年社会工作实务理论。其一,抗逆力理论。认为,抗逆力是一种个人在面对压力和逆境时做出正面表现的能力,以及在未来表现得更好的能力。这种能力可以通过一定的途径和方法得以提升④。其二,历奇辅导训练。可使参与者提升自我认知,实现建立信任、订立目标、挑战与压力、高峰体验、幽默与欢乐、解决难题、社会责任等目标⑤。其三,积极青少年发展理论。强调以发展性的视角或者优势视角来看待青少年个体,强调个体身上所表现出来的潜能和与生俱来的优势,要求必须关注天赋、优势、兴趣和未来潜能等,而非能力缺陷⑥,要求发展构建包括能力(competence)、品格(character)、联结(connection)、自信

---

① 黄金结:《青少年社会工作课程的情境教学》,《新余学院学报》2015年第2期。
② 史慧:《项目教学法在"青少年社会工作"课程实践教学中的应用》,《开封教育学院学报》2013年第8期。
③ 王玉香:《西方青少年社会工作的历史沿革研究》,《中国青年研究》2012年第2期。
④ Gilligan, R., "Adversity, Resilience and Young People: The Protective Value of Positive School and Spare Time Experiences", *Children and Society*, Vol. 14, No. 2, 2000, pp. 37–47.
⑤ Schoel, J., Prouty, D. and Radcliffe, P., *Islands of Healing: A Guide to Adventure Based Counseling*, Hamilton, MA: Project Adventure, 1988.
⑥ Damon, W., "What is Positive Youth Development?", *Annals of the American Academy of Political and Social Science*, Vol. 59, No. 1, 2001, pp. 13–24.

(confidence)、关心（caring）的五 C 目标结构①。

有关青少年社会工作者素质与人才的界定与要求。美国社会工作者协会（NASW）制定了青少年社会工作实务标准，旨在指导社会工作者在各种环境中帮助青少年成为有能力和有生产力的成年人的具体要求。标准共分 12 项。标准 1 侧重于青少年发展的知识和理解；标准 2 涉及评估和满足青少年的需要；标准 3 侧重于家庭动力学的知识和理解；标准 4 涉及发展和维持具有文化竞争力的服务提供；标准 5 涉及青少年及其家庭的法律、法规和行政要求和资源；标准 6 侧重于赋予青少年权力；标准 7 涉及跨专业和跨机构合作；标准 8 涉及跨机构多学科案例咨询；标准 9 涉及保密性；标准 10 侧重于工作环境、机构与客户的政策和做法，以及专业发展；标准 11 和 12 适用于青年服务机构的管理人员②。相应在从业人员资格方面，青少年社会工作者必须获取有关青少年社会工作的资格证书才能从事这项工作。全美社会工作协会提供两种专门的青少年工作的社会工作者资格，一种是青少年和家庭社会工作者（CCYFSW），另一种是青少年和家庭高级社会工作者（C-ACYFSW）③。

在一些比较发达的国家和地区，青少年的生存与发展问题，依旧是一个异常严重的问题，迫切需要得到社会的支持和解决④。相应，在这些国家形成了较为成熟的覆盖青少年违法犯罪预防、学业辅导、职业规划等多个方面的青少年社会工作服务项目，代表性的有⑤：澳大利亚实施犯罪青少年"家庭监管"，允许犯罪青少年回到家庭、社

---

① Lerner, R. M., "Positive Youth Development, Participation in Community Youth Development Programs, and Development Programs, and Community Contributions of Fifth-Grade Adolescents: Findings From the First Wave of the 4 – H Study of Positive Youth Development", *The Journal of Early Adolescence*, Vol. 25, No. 1, 2005, pp. 17 – 71.
② NASW Standards for the Practice of Social Work with Adolescents, https://eric.ed.gov/? id = ED365913.
③ 王玉香:《西方青少年社会工作的历史沿革研究》,《中国青年研究》2012 年第 2 期。
④ 陆士桢、王玥:《青少年社会工作》,社会科学文献出版社 2005 年版,第 220 页。
⑤ 文军:《社区青少年社会工作的国际比较研究》,华东理工大学出版社 2006 年版。

区进行矫治工作（Jeremy Gaynor, 1997），促进青少年犯事者与社会工作者互动的专家项目（Ann Callen, 1997）；美国基于青少年犯罪三层次理论（Anne M Newton, 1978）的青少年犯罪预防项目，干预青少年帮派问题的男孩女孩俱乐部（The Boys & Girls Clubs）策略；英国的青年就业促进项目（Wilkinson, 2003），流浪青少年救助项目（Jane Fortin, 1999）等等。项目相应承担的机构也是多类型的，比如美国提供青少年社会服务的机构类型有4种：青少年发展机构、宗教组织青少年服务机构、学校附属青少年服务机构、社区青少年服务机构。青少年服务机构的经费多来自民间，政府也提供少量经费①。

（二）青少年社会工作教育

美国拥有全国性的社区青少年工作培训服务机构，为青少年社会工作者和青年服务机构提供系统的培训、教育和专业发展；美国社会工作教育有著名的"八大方法"课程：个案工作、团体工作、社区组织、社会工作行政、公共社会福利、社会工作研究、医疗社会工作和精神病理社会工作。在这些理论课程之外，还需要在专业社会工作者的督导下从事社会工作实习，并且随着社会工作领域的细化和专门化，社会工作的课程越来越复杂②。

英国社会工作教育课程设置上，强调五个核心领域的学习，即社会工作服务和服务使用者、服务提供背景、价值观和伦理、社会工作理论和社会工作实践。英国的社会工作教育尤其重视多样的实践学习，诸如学徒制模式、能力为本模式、成长与发展模式、管理模式、环状模式、角色系统模式、结构学习模式③。

---

① 《美国的青少年社会工作》，https://www.sohu.com/a/149540892_99894416，2019年8月2日。

② Lee, M. Y. and Greene, G. J., "A Social Constructivist Framework for Integrating Cross-Cultural Issues in Teaching Social Work", *Social Work Education*, Vol. 35, No. 1, 1999, pp. 20–30.

③ Shardlow, S. and Doel, M., *Practice Learning and Teaching*, London: Macmillan Publishers Limited, 1996.

三 相关研究述评

综览国内外青少年社会工作相关的理论研究及实践情况，可以看出，随着对青少年这一群体研究的深化，以及日益多元、突出的青少年问题的出现，青少年社会工作得以不断推进与发展，青少年社会工作人才培养与教育问题也得到重视。相比国内研究而言，国外青少年理论研究与青少年社会工作专业化、职业化程度发展较早，所形成的成果和积累的经验可供我们借鉴。不过这需要结合我国青少年发展的现实状况、青少年社会工作的特点和性质进行本土化的改造。

概括而言，国内外的研究对本研究具有以下作用：第一，为本研究提供了青少年社会工作发展的相关背景、依据。第二，为青少年社会工作实务型人才培养提供了理念的导引和理论支持。第三，为青少年社会工作实务型人才培养提供了相应的职业要求与实务经验。第四，为青少年社会工作实务型人才培养的质量规格、模式方法等方面提供了借鉴与参照。

从相关研究与现实状况来看，总体上我国社会工作的专业化、本土化还处于起步时期，社会工作专业教育的实务性研究与实践还比较薄弱，具体表现为系统性不强、具体化不足、专业性不鲜明等，尤其是社会工作专业教育与实践服务脱节问题仍未能很好解决，这直接影响了社会工作专业人才培养的质量与现实服务中社会工作专业人才的表现水准。具体到青少年社会工作领域，则导致青少年社会工作难以充分满足留守青少年、闲散青少年等特殊青少年群体权益保障的需求，难以有效应对自媒体发达时代青少年特殊问题的发展需求。要突破目前社会工作教育的人才培养瓶颈，就要从实务的角度入手，去探讨本土化的符合现实需要的培养模式与体系，有针对性地培养当前社会急需的青少年社会工作服务人才。

本研究从培养满足社会需求的青少年社会工作人才的角度出发，以社会工作实务能力培养为核心，进行全面的教学改革，并在此基础上探讨与构建行之有效的本土化教育模式，致力社会工作应用型人才培养，推动高等院校社会工作专业教育的发展，助力青少年社会工作事业的开展，服务广大青少年的健康发展，以不负青年政治院校社会工作专业建设的责任与使命。

第三节 研究意义、研究目标与研究内容

一 研究意义

青少年社会工作实务型人才培养模式的研究，符合我国大力推进社会工作职业化与专业化发展的社会要求，对于推动国家中长期青年发展规划战略的实施与落实，加强青少年社会工作人才队伍建设，服务与促进青少年的健康成长具有非常重要的现实意义。

青少年社会工作实务型人才培养是山东青年政治学院"十二五"社会工作省级特色专业的特色所在，更是山东省"十三五"应用型人才培养培育社会工作专业（群）建设强化的一个重要专业方向。在新一轮教育综合改革的大背景之下，在社会工作专业评为山东省"十三五"高水平应用型人才培养培育专业群的核心专业和山东省级一流专业的基础之上，积极贯彻党和政府在加强社会工作人才队伍建设、应用型人才培养、产教融合等方面的相关文件精神，进一步加强社会工作应用型专业建设、在原有的基础上进行更加深入的教学改革研究，以更好地探讨应用型人才培养规律与可行性模式，为青少年社会工作人才培养与队伍建设提供必要支持，也为社会工作专业应用型人才培养提供相应的借鉴，这是本教学改革研究的重心所在，也显现了本教学改革研究所具有的现实意义与理论价值。

（一）为青少年社会工作事业发展提供人才支持

随着经济社会的快速发展，有关青少年社会问题日益凸显，不少青少年面临着生存与发展的困境与风险。以山东省为例，目前存在数量较多的特殊青少年群体或重点青少年群体，如留守青少年群体

（109万）、闲散青少年群体（10万），不良行为青少年群体（9.8万），这些弱势群体、问题群体都处于人生发展的关键时期，生存与发展困难境遇使得他们自身无法解决现实问题，亟需专业力量的关注与扶助，而有关青少年自杀、网瘾、吸毒、暴力等问题也亟需专业力量的干预。尤其值得注意的是：青少年处于特殊的人生发展阶段，他们自身的心理充满了矛盾动荡性，情感丰富强烈但欠成熟稳定，容易冲动失衡；兴趣广泛、爱玩好动，但判断力和鉴别力不强，自我控制能力还有待于发展，容易受到不良社会风气与团体的感染与影响，由此产生的青少年自伤、受侵害与违法犯罪等问题已经成为比较严重的社会问题。面对层出不穷的青少年问题与青少年健康成长的需求，需要大量了解青少年群体的特点、需要，具有专业的社会工作价值理念与方法的青少年社会工作人才来进行干预与服务。

目前，我国社会工作人才队伍建设还存在政策制度不健全、岗位职责不明确、人才数量不充足、人才队伍不稳定、专业化水平不高、职业化程度不强等现实问题，尤其受过社会工作专业教育的青少年社会工作人才极为缺乏，因为社会工作专业教育在我国的发展仅仅32年的时间，只是近十年才取得了飞速的发展，社会工作专业在很多高校往往处于边缘地位，存在招生困难的问题；只是部分高校开设了专门的青少年社会工作课程，在不少高校青少年社会工作只是作为社会工作的一个特殊实务领域，归并于社会工作实务课程之中，或者作为群体社会工作的一部分内容。当然，还有部分社会工作专业教师创办社会服务机构承接的社会工作服务是青少年社会工作，这可以为青少年社会工作教学与人才培养提供较好的实践教学平台，但这样的平台并不充足。随着近几年社会工作机构的不断增加，青少年社会工作实务平台也在逐渐增加，这些都为青少年社会工作人才培养提供了较好的实践教学场域和实习平台，但是目前来看，青少年社会工作人才的现实需求与专业青少年社会工作人才培养之间仍然存在着较大的反差。

本研究通过对青少年社会工作实务型人才培养模式的探讨，不仅能够为社会培养适应力强的青少年社会工作专业人才，而且能够为其他高校提供可以借鉴的教育模式，为政府部门有关青少年社会工作人才队伍建设的相关政策制定和可持续培养提供相应的借鉴与支持。

(二) 丰富青少年社会工作的教学理论与实践

社会工作专业是一门实务性、应用性强的专业，学生社会工作实务能力的培养与提高是社会工作专业培养的中心。传统的社会工作教学模式还只是进行"我说你听"的西方社会工作理论与方法的教授，与社会现实的应用型人才的需要、应用型人才培养的目标相差很远，其缺陷主要表现为两个方面：一是理论的水土不服。西方的社会工作理论与方法的本土化探讨与转化做得不够，如社会工作的价值理念是产生于西方个人主义文化背景，不适合我国的文化传统与主流意识形态的要求，如果不作相应的本土化转化，就会出现水土不服的现象，如果社会工作专业师生到现实的服务场域中要坚持所谓的"专业性"，可能就无法有效地开展工作，无法真正展现出社会工作应有的专业性；二是"纸上谈兵"造成的实务能力弱。因为绝大多数的教师都没有社会工作教育背景，而是通过短期培训与自学的方式任教，缺乏社会工作实务训练与服务经验，所以在教授课程的过程中，只能是从理论到理论，无法有效地将理论与社会工作服务实践有机结合，因为没有真实社会工作服务的体验，课程的实用性与效果就会大打折扣。此种课程教学状况，使得青少年社会工作实务型人才培养方面缺乏足够有效的理论与实践探讨，导致现实中社会工作专业应用型人才培养的乏力，也成了制约社会工作专业教育发展的瓶颈，更是青少年社会工作专业人才队伍建设的最大制约性因素。

本研究认为，学生专业实务能力的提高仅靠理论的灌输是行不通的，但也不能只是简单的实验室模拟。真正的专业实务能力应该在真实的青少年社会工作服务实践中获得。本研究就是要以学生实务能力建设为中心，遵循实务能力培养的规律，通过走出课堂的象牙之塔，利用

"济南山青社会工作服务中心"等社会服务机构为实践平台进行教学改革，探索青少年社会工作实务型人才培养模式。这种教学改革不仅是社会工作专业的特点使然，而且也是目前新建本科院校应用型人才培养的必需。改革主要举措是走专业建设与行业发展相结合的路子，建构产学研一体化发展平台与载体，探索培养服务青少年的社会工作实务型人才相关的理念、目标、模式、途径等问题，突出学生的主体性地位，厘清教师与学生在教学过程中的角色定位，通过凝练专业方向、发挥专业优势，探索一条借助自办社会服务机构等实体来实现教学、科研、服务有机联动的实务型人才培养的专业发展道路。通过特色培育来促进专业发展的革新，积累应用型人才的培养经验，不仅能够为目前高校在应用型本科专业建设过程中所面临的课程体系调整、教学模式构建、实践教学创新等关键问题的解决提供参考依据和操作思路，尤为重要的是，建构本土化青少年社会工作实务型人才培养模式，能够为我国的社会工作专业教学理论的丰富与实践探索提供相应的成果借鉴。

本专业已经在青少年社会工作的教材建设、课程建设、教学改革及科学研究等方面打下了较好的基础，通过本研究的开展，可以为丰富社会工作专业教学的理论与实践做出应有的贡献，为社会工作专业建设提供应用型人才培养模式借鉴，尤其在推动青少年社会工作理论与实践发展方面贡献力量。

二 研究目标

本研究旨在强化实践教学，构建青少年社会工作实务型人才培养模式，服务学生青少年社会工作实务能力的提升，推进社会工作专业应用型方向的发展建设，具体目标如下：

（一）围绕实务型人才培养进行教学改革，构建青少年社会工作实务型人才培养的目标体系、培养模式、课程体系，确保将学生的青少年社会工作实务能力培养落到实处。

（二）围绕实务能力培养，探寻社会工作专业应用型发展所需条件、资源建设方面的内容、标准、方法、路径，为青少年社会工作实务型人才培养提供支持保障。

（三）依据"产学研一体化发展"原则，通过青少年社会工作实务型人才培养的研究，探寻社会工作专业教育与青少年社会工作有机协同的内容、方式、路径、机制等问题。

（四）以应用型本科专业建设为导向，通过探寻青少年社会工作实务型人才培养目标、模式、路径、机制等问题，揭示社会工作专业实务型人才培养的特性与规律。

三 研究内容

本研究以服务学习理论和布迪厄的"场域""惯习"理论为指导，主要研究青少年社会工作实务型人才培养的模式与机制等内容，具体解决的关键问题如下：

（一）设计适合青少年社会工作实务型人才培养的、实践性突出的课程方案，并以此来创设课程方案实施所需要的各方面条件。

（二）依据社会工作专业培养目标、社会工作实务能力指标体系，设计、生成服务青少年社会工作实务型人才培养的具体可行、操作性强的教学方式与方法。

（三）统合青少年社会工作实务型人才培养模式中教学、研究与服务三方面工作，努力打通三者间的内在联系，把握好三者时空上的衔接。

（四）厘清实务型人才培养目标的具体指标与相互关系，建立起相应的评估指标体系，确定具体、可操作化的评估方式。

第四节 研究的政策依据与理论基础

宏观政策方面，青少年社会工作实务型人才培养模式研究主要是依据产教融合与应用型人才培养政策，为青少年社会工作实务型人才培养模式构建提供方向性指导与框架化构建；微观理论方面，主要是以服务学习理论、布迪厄实践社会学的"场域""惯习"理论来指导青少年社会工作实务型人才培养模式的具体流程、策略的设计。

一 政策依据

（一）产教融合政策

产教融合是指行业、企业与教育、学校间在促进经济社会发展方面的功能与资源优势上的协同、集成、融合，是经济社会发展到一定程度的必然要求与体现。

2010年，《国家中长期教育改革和发展规划纲要（2010—2020年）》印发，要求高等教育以服务为宗旨，以就业为导向，推进教育教学改革，实行工学结合、校企合作、定岗实习的人才培养模式，坚持学校教育与职业培训并举，全日制与非全日制并重[①]。2015年5月，国务院印发《中国制造2025》，强化职业教育和技能培训，引导一批普通本科高等学校向应用技术类高等学校转型，鼓励企业与学校合作，培养制造业内急需的科研人员、技术技能人才与复合型人才[②]。2015年7月，教育部印发《深化职业教育教学改革全面提高人才培养质量的若干意见》，提出"坚持产教融合，校企合作，实现校企协同育人"等一系列措施[③]。2017年1月，国务院下发《国家教育事业发展"十三五"规划》，提出要推行产教融合的职业教育模式，推行校企一体化育人[④]。2017年12月，国务院办公厅发布《国务院办公厅

---

① 《国家中长期教育改革和发展规划纲要（2010—2020年）》，《人民日报》2010年7月30日，第13版。
② 《国务院关于印发〈中国制造2025〉的通知》，《中华人民共和国国务院公报》2015年第16期。
③ 《教育部关于深化职业教育教学改革全面提高人才培养质量的若干意见》，《中华人民共和国国务院公报》2015年第4期。
④ 《国务院关于印发国家教育事业发展"十三五"规划的通知》，《中华人民共和国国务院公报》2017年第5期。

关于深化产教融合的若干意见》,这是首次由国务院层面提出的加强产教融合的文件,指出深化产教融合的主要目标是:逐步提高行业、企业参与办学程度,用10年左右的时间,健全完善需求导向的人才培养模式,基本解决人才教育供给与产业需求重大结构性矛盾,显著增强职业教育、高等教育对经济发展和产业升级的贡献①。2019年9月,国家发改委、教育部等六部门联合印发《国家产教融合建设试点实施方案》,并公布了试点建设首批国家产教融合型城市的有关省、自治区、直辖市和计划单列市②,国家对产学研一体化进程更进一步重视与落实。

就应用型本科高校而言,实施产学研一体化,加强产教融合、校企合作,既是应用型人才培养的主要路径,也是高校在市场竞争中谋求自我发展的重要方式。本研究立足于产学研一体化政策,以社会工作实务型人才培养为导向,积极搭建社会工作专业产教融合平台,将社会工作专业人才培养的课程教学活动、科研活动与社会工作机构服务、基层街道社区工作密切结合与融合,探索社会工作专业实施产学研一体化的优势、路径、模式等问题,总结形成社会工作专业产学研一体化建设的经验和规律,使实务型人才培养能够在产学研一体化机制中获得更大的发展空间和资源支持。

(二)应用型人才培养政策

高校应用型人才培养应体现市场需求导向与坚持服务社会公共事务的方向,要与地方经济社会发展所要求的人才需求相匹配,重在强化学生的专业技术技能与工作实务能力,使所培养的人才能够有效地服务于现代产业、地方经济社会发展。

应用型人才培养相关政策开始是针对高等专科教育而提出来的。

---

① 《国务院办公厅关于深化产教融合的若干意见》,《中华人民共和国国务院公报》2018年第1期。

② 《国家发展改革委 教育部 工业和信息化部 财政部 人力资源和社会保障部 国务院国有资产监督管理委员会 关于印发国家产教融合建设试点实施方案的通知》《中华人民共和国教育部公报》2019年第10期。

青少年社会工作实务型人才培养模式研究

1991年《关于加强普通高等专科教育工作的意见》颁布，指出"高等专科教育是培养高等应用性专门人才"①。1994年国务院副总理李岚清在全国教育工作会议上总结讲话中指出：高等职业教育就是要培养更多的"工艺型、应用型人才"②。2014年《国务院关于加快发展现代职业教育的决定》中关于高等职业教育发展方面明确提出了"接受本科层次职业教育的学生达到一定的规模"，同时提出了"引导普通本科院校转型发展"，转型发展的方向是应用技术型高等学校③。2015年10月，教育部印发《关于引导部分地方普通本科高校向应用型转变的指导意见》中提出针对地方高校，要实现产教融合、培养应用型技术人才、增强学生就业创业能力等指导意见④。2016年的《国民经济和社会发展第十三个五年规划纲要（2016—2020年）》指出：要推动具备条件的普通本科高校向应用型转变，推行产教融合、校企合作的应用型人才和技术技能人才培养模式⑤。

作为地方本科院校，山东青年政治学院的人才培养目标是培养具有政治特质的、能够有效服务于地方经济社会发展的应用型人才。从社会工作专业角度而言，就是要培养能够从事社会工作服务和管理的应用型高级专门人才。本研究所提出的青少年社会工作实务型人才培养模式正是体现了应用型人才培养这一目标要求，顺应了目前我国基层社会治理、社区建设的社会发展形势需要。本研究围绕青少年社会工作实务型人才培养模式展开，积极将专业人才培养与当前社会工作服务行业发展、基层社区建设情况、青少年权益保护状况等紧密结合

---

① 何东昌主编：《中华人民共和国重要教育文献（1949年—1997年）》，海南出版社1998年版，第3092页。
② 李岚清：《在全国教育工作会议上的总结讲话（摘要）》，《人民教育》，1994年第Z1期。
③ 《国务院关于加快发展现代职业教育的决定》，《中华人民共和国国务院公报》2014年第9期。
④ 《教育部 国家发展改革委 财政部关于引导部分地方普通本科高校向应用型转变的指导意见》，《中华人民共和国教育部公报》2015年第12期。
⑤ 《中华人民共和国国民经济和社会发展第十三个五年规划纲要》，《人民日报》2016年3月18日第1版。

起来，探寻社会工作人才培养服务地方经济社会发展的方式、路径，这既是相关应用型人才培养理论的具体实践运用，也是应用型人才培养理论的具体探索与创新。

二 理论基础

青少年社会工作实务型人才培养模式是建立在一定理论基础之上的探讨，就是要借鉴已有的实务型能力提升的相关理论来思考、尝试、探索现有的青少年社会工作实务型人才培养的模式与规律。服务学习理论与布迪厄的实践理论尤其是其中的"场域""惯习"理论为我们提供了理论的指导与借鉴。

（一）服务学习理论

服务学习是一种兴起于20世纪下半叶的美国的教育理论，旨在通过学校和社会的合作，将提供给社会的服务与学校课程联系起来，学生参与到有组织的社服务行动中以满足社会需求并培养学生的社会责任感，同时在其中学习以获得知识和技能，提高与同伴、其他社会成员合作分析评价与解决问题的能力。服务学习理论既吻合了我国的理论与实践相结合、知行合一的传统教育思想，又显现出高等教育产学研一体化的现代教育理念，能够对我国高等教育应用型人才培养提供有效的理论指导。我国应为服务学习提供法律保障和资金保障，构建学校、社区、家庭三方合作的教育模式，建立系统的服务学习制度和考核评价体系，改革传统的教学模式，重视学生的创造性发展[①]。就社会工作实务型人才培养而言，服务学习理论极大地契合了社会工作职业天然具有的社会服务性特征。从培养目标来看，服务学习既为社会工作专业学生通过服务提升专业能力、技巧提供了有效方式，又为他们通过服务强化专业理念、敬业精神以及公民社会责任感提供了有力保障。

服务学习理论强调服务资源的联系、服务关系的互惠、服务内容方

---

① 崔海英、李玫瑾：《美国中小学教育中的服务学习及其启示》，《中国青年社会科学》2019年第4期。

式的多元、服务过程从方案设计到成效评价的一体化。在实施过程中，服务学习体现出鲜明的主体性、开放性、合作性、反思性等特征。依据服务学习的理念、特征与实施要求，明确了社会工作实务型人才培养的基本思路和关键环节，把服务社会既作为人才培养的根本目的，又作为人才培养的重要方法，以服务为导向，切实改进人才培养方案，对社会工作专业实践进行了系统化安排，课程设计实现社会工作理论学习与实践服务的有机融合；积极链接整合服务资源，形成阵地化、规模化、结构化的社区服务平台，建立与强化服务学习相关参与人员、组织、资源等方面的协作联动机制；加强社会工作课程教学过程的计划、实施、监控、评价、反思等方面的系统化、闭环式设计，并且依据学生专业素养提升的渐进规律进行课程教学的阶段性设计。在这一过程中，尤其结合社会工作评价自身所具有的专业优势，形成多元化评价机制，实现对实务型人才培养过程的有效调控与指导。

（二）"场域""惯习"理论

布迪厄认为，"场域"可以被定义为"在各种位置之间存在的客观关系的一个网络，或一个构型"，"惯习"是行动者所形成的"性情倾向系统"。"场域形塑着惯习，惯习成了某个场域"，"惯习有助于把场域建构成一个充满意义的世界，一个被赋予了感觉和价值，值得你去投入、去尽力的世界"[1]。在布迪厄看来，场域和惯习实际上是人所处遇的客观世界与其主观世界的互动互构，在这一日常实践过程中，不但作为行动结果的外部场域发生改变，而且作为行动的主体的人的主观精神世界与性情，也发生着自觉、不自觉的变化与提升。

场域与惯习理论运用到高校人才培养、大学生学习方面可以作如下理解：大学生学习是一种个体性变量和社会性变量双向共时运作的实践活动，校园场域与大学生学习惯习之间的动态交互关系，构成了大学生学习实践的生成性动力机制。知识社会的到来，使高等教育的

---

① ［法］皮埃尔·布迪厄、［美］华康德：《实践与反思：反思社会学导引》，李猛、李康译，中央编译出版社1998年版，第133—172页。

认识论基础发生了深刻变化，导致建立在客观主义认识论基础上的科层型大学场域和常规性学习惯习面临着严重挑战。大学应借助知识社会的变迁，重塑一种基于建构主义认识论、以大学生主体性发展为旨归的学习型大学场域，以及在本体论上与之相契合的反思性学习惯习[1]。就社会工作实务能力培养而言，必须通过日常性养成的方式来潜移默化地形成学生看待与处理社会工作事务的视角与行为习惯，必须保持时间与空间的开放性，习惯与能力培养的常态化、生活化。而这个过程则是发生在布迪厄所言的社会成员按照特定的逻辑要求共同建设的、社会个体参与社会活动的主要"场域"之中的，即社会工作实务能力培养一定是在具有社会工作元素、学生能够充分参与其中的"社区"进行。从社会工作实务型人才培养的现实不足来看，明显地缺少实务型人才培养的足够实践性空间，尚无法形成足以支撑实务型人才培养的实践场域，相应导致实务型人才素质难以浸入式、连续性养成，难以惯习化。因此，青少年社会工作实务型人才的培养，不仅仅要通过课堂教学，更重要的是要创造日常生活化与专业化的实践场景，使学生通过与专业场域的互动，采用自觉性的专业行动，从而形成专业惯习性行为。本研究在"惯习""场域"理论指导下，积极构建青少年社会工作实务型人才培养的资源平台，拓展实务型人才培养的空间，通过常态化、多维度的场域设置，实现学生社会工作专业价值与行动的自觉。

第五节 研究设计

一 核心概念界定

（一）青少年社会工作实务型人才

青少年社会工作实务型人才是指青少年社会工作理论素养与专业实务能力兼备、熟练掌握专业方法与技巧以有效地为青少年提供专业

---

[1] 卢保娣：《场域与惯习：大学生学习的生成性动力机制分析》，《高教探索》2014年第5期。

服务，从而帮助他们积极面对与解决生存发展问题的应用型专业服务与管理人才。青少年社会工作实务型人才培养是社会工作专业应用型人才培养的目标之一、方向之一，其要求学生不仅要掌握社会工作的价值伦理原则、理论与方法运用的一般规律，而且要求具有在青少年社会工作服务领域中灵活应用理论与方法的能力，既要具有社会工作的一般实务能力，又要掌握青少年群体的特点和需求，具有较强的青少年社会工作实务能力。

（二）青少年社会工作实务型人才培养模式

就一般性来讲，青少年社会工作实务型人才培养模式是指依据一定的理论指导，根据青少年社会工作实务型人才培养目标而建构的总体性培养框架及相应的运作流程与机制。这一模式是一种动态建构的体制与机制，包含培养目标、课程体系、教学方式方法、师资队伍、实践平台、条件保障、质量评价等培养要素及其相互关系。具体到本研究，青少年社会工作实务型人才培养模式是基于修订完善社会工作专业人才培养方案，创新实践教学内容、形式，建构实践教学体系，打造包括课堂、校园、街道社区等在内的"大社区"作为实务型人才培养平台，构建课内课外、校内校外等多元教育教学模式以强化学生青少年社会工作实务能力的训练，广泛链接资源以形成多元育人共同体，提升教师的实务能力以发挥其在实务型人才培养中的主导作用，建构一体化、综合性人才培养框架体系与机制。其主要运作思路流程是：依据青少年社会工作实务型人才培养需求，打造实践场域的"大社区平台"，创生与凝聚多方面培养资源，以此平台作为社会工作专业学生实务能力的训练场域，开展分组教学、校园实践、服务学习、项目化运作等多样模式与途径的专业教育教学活动。

二 研究思路

本研究以产教融合、应用型人才培养政策为指导，以服务学习理论、"场域""惯习"理论为依据，遵循应用型人才培养的 OBE 理念，采用调查研究、参与式观察、行动研究等方式，进行青少年社会工作实务型人才培养模式的实践与探索，以探索实务型人才培养模式的内容与特点、实施原则、相应的措施、保障机制及特色成效。本研究的核心部分是实务型人才培养模式的构建与运行，研究思路见图1。

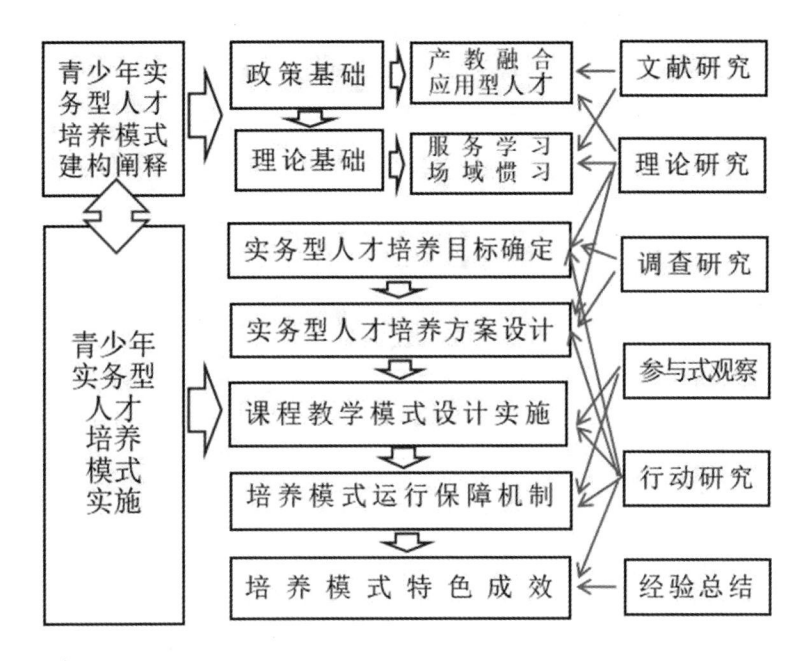

图1 青少年社会工作实务型人才培养模式研究思路图

三 研究方法

本研究所采用的研究方法，不是简单地将各种方法分离性应用，而是在教学改革实践基础之上的多种研究方法并行、协同、整合性的应用。主要研究方法如下：

（一）文献研究

全面梳理国家在高等教育产教融合、应用型人才培养方面的政策，在推进社会工作事业发展、培养壮大社会工作专业人才队伍方面的政策；系统分析社会工作应用型人才培养、青少年社会工作实务型人才培养方面的理论与实践研究；深入研读关于应用型人才培养的相关社会学、教育学、心理学方面的理论，加强服务学习理论、布迪厄实践理论的学习，为本研究的开展提供坚实的政策支持、理论依据、经验借鉴。

（二）调查研究

通过对共青团系统、街道社区青少年社会工作项目点等进行广泛调研，了解共青团组织青少年事务社会工作的要求与人才队伍建设的情况，了解街道社区对青少年社会工作应用型人才的需求与标准，为制定人才培养方案及青少年社会工作实务型人才培养体系的建构奠定现实的基础。通过专家咨询、座谈会、访谈、问卷等多种方式，开展线上线下的广泛调研，全面把握省内外高校社会工作专业教学改革的现状，深入了解社会工作专业学生能力基础与社会工作专业的教学成效，获取开展青少年社会工作实务型人才培养模式改革与研究相关的一手资料。

（三）参与式观察

研究团队成员通过教授相关专业课程及以实践指导者的身份深入课堂、宿舍、实践教学基地等场域，与社会工作专业教师和学生进行近距离接触、互动，观察、了解他们在课堂教学、社会实践、专业实习过程中的具体表现；对社会工作专业人才培养改革方案、教学大纲、教学日历、教案、教材、学生作业、实习周志、月志等相关文本材料进行全面分析研究、透察，以获取实务型人才培养情况的一手田野资料。

（四）行动研究

本研究采用边行动、边反思、边调整的行动研究方式，把青少年社会工作实务型人才培养模式的构建、实施过程作为研究的主要内容，在社会工作专业课程教学中全面实施实务型人才培养模式改革，在现实的课程教学过程中比较分析新的人才培养模式所显现的成效，根据相关的成效进行课程教学体系、教学内容与方式的反思、调整与改革。研究团队成员既是研究者，也是研究对象，更是实践着的行动者与反思者，既要从理论上去论证青少年社会工作实务型人才培养模式的合理性，又要在实践中验证其有效性，并进一步调整原有的计划、方案与方式方法。通过边行动、边反思、边改革的行动研究，进一步调整与完善青少年社会工作实务型人才培养模式，使其更具有推广与借鉴的价值与意义。

第二章　青少年社会工作实务型人才培养模式建构的阐释

青少年社会工作实务型人才培养模式是青少年社会工作实务型人才培养的系统化课程教学结构与流程。该模式具体由分组教学模式、校园实践模式、服务参与模式构成，通过实施以及相应保障机制的运作，形成了动态的、有机的、得以具体发生与运行的青少年社会工作实务型人才培养系统结构，该系统的核心内容具体如图2。

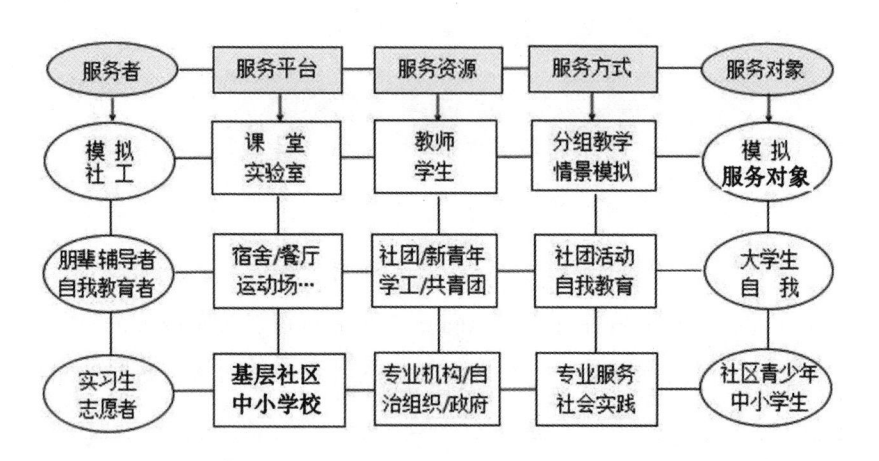

服务者	服务平台	服务资源	服务方式	服务对象
模拟社工	课堂实验室	教师学生	分组教学情景模拟	模拟服务对象
朋辈辅导者自我教育者	宿舍/餐厅运动场…	社团/新青年学工/共青团	社团活动自我教育	大学生自我
实习生志愿者	基层社区中小学校	专业机构/自治组织/政府	专业服务社会实践	社区青少年中小学生

图2　青少年实务型人才培养系统的核心内容

青少年社会工作实务型人才培养模式的构建与实施，从根本上体现了应用与服务的理念。

应用理念强调理论在实践中的应用，青少年社会工作服务要针对

第二章 青少年社会工作实务型人才培养模式建构的阐释

现实青少年问题,将青少年社会工作理论知识与方法借助一定场域、环境、条件运用于实践之中。所以在实务型人才培养的过程中,要经过在实践中训练的方式来实现理论知识向学生内在素养(内化)与外在行动(外化)的转化,并且实现良好的社会效益。在青少年社会工作实务型人才培养模式实施过程中,能够积极遵循应用理念,提供相关资源、改革教学方式,指导学生把专业知识、理论、观念运用于课堂、校园、基层社区、中小学等实践场域,实现专业实务知识、能力的学中用、用中学。

服务理念强调服务对象需要的针对性与专业性满足。青少年社会工作实务型人才培养中的服务理念体现为两个方面:一是对学生社会工作专业实务能力提升需要的针对性满足,二是社会工作服务是社会工作理论知识与方法的现实应用,是一种专业性的服务。显然,后者是满足前者的必备条件。社会工作专业的这种服务特性,决定了其培养实务型人才的实现路径就是服务实践,就是在一定现实场域中通过学生参与社会工作服务实践来提升学生的实务能力、满足学生实务能力提升的需求。坚持服务理念,就是要明确青少年社会工作实务型人才的培养从性质上、根本任务上就是要求学生具有服务于一定场域中青少年发展成长的能力,就是要在真操实练中让他们学习应用社会工作理论和方法技巧。在青少年社会工作实务型人才模式实施过程中,学生既是学习者身份,也是模拟社会工作者、志愿者、实习生等多重服务者身份;所学内容既是知识问题、理论问题,也是服务问题、能力问题;学习过程既是一个获取新知、提升素养的过程,也是一个问题解决、服务他人与社会的过程。以此培养学生的服务素养与能力,专业教学的社会服务特性不断得以彰显。

第一节 青少年社会工作实务型人才培养模式的建构原理

青少年社会工作实务型人才培养模式的建构可以概括为:打造社

区、整合资源、强化应用、模块培育。这既是该培养模式构建的指导思想，也是构成该培养模式运作实施的核心内容与过程路径，集中体现了青少年社会工作实务型人才培养模式的操作流程与运行逻辑。

一 打造社区

借用布迪厄的"场域"理论，所谓社区是指有助于培养青少年社会工作实务型人才的各种影响因素间的关系性构成。这些因素，既包括社会工作实务型人才培养的课程、教学等因素，也包括开展社会工作现实服务所需要的服务问题、服务对象、服务空间等因素。由这些因素构成的社区，从外在形态来看，既包括社会工作课程教学的课堂、实验室等教学场域，也包括开展社会工作服务的学生宿舍、餐厅等生活社区，以及校外的基层居民社区等实体性社区；从内在关系来看，包括了社会工作专业学生以学生、实习生、志愿者、项目参与者、项目负责人等多种身份在开展社会工作服务模拟训练、社会工作现实服务过程中与周围环境形成的各种关系性存在。因此，社区不是简单的物理性空间，而是由各种个体、单位等构成的生态场，是鲜活的、复杂的、各种社会关系在社区场域的综合。缺失了这样的社区，青少年社会工作实务型人才培养就从根本上失去了依靠和保证。而从现实状况来看，恰恰这种缺失情况还比较严重，典型地表现为：课堂主要是作为教师向学生传授社会工作理论的"听堂"，而非是教师创设社会工作服务情境使学生身心投入其中的空间存在；互联网迅速发展之下，社会工作实验室设施设备条件的滞后不达标，以及实验室未能被开发利用以发挥其模拟仿真的功能；学生学习、生活的时空场域不能充分地加以专业化利用，其锻炼、发展学生专业实务能力的潜在价值、功能未能得以充分开发；接纳社会工作实习所需要的专业社会工作机构数量不足难以满足实习需要。总之，社会工作人才培养相应缺少足够的"社区土壤"，必然造成社会工作教育教学宛如空中楼阁一般，失去了教学改革与应用型人才培养的根基与支撑。

第二章　青少年社会工作实务型人才培养模式建构的阐释

只有面向存在一定服务对象、包含具体的个人问题与社会问题的"社区"开展"服务",才能使社会工作者得以展现自我的专业价值,才会使他们的实务能力得以充分运用与锻炼,而青少年社会工作实务型人才的培养也必须依托这样的社区才能保证落到实处。从青少年社会工作实务型人才培养的条件因素来看,依托社区、创生社区是人才培养模式构建的出发点和落脚点。针对"社区"匮乏状况,本研究致力于青少年社会工作实务型人才培养所需社区的打造,通过开发、升级、拓展了多个方面的"社区",即教学模拟服务社区、校园学生生活社区、基层青少年服务社区,构建课内课外、校内校外整体联合的"大社区"平台,并在此基础上形成了多样化实务能力训练的保障阵地。即通过"大社区"平台的构建和多样保障阵地的形成,进一步打通了社会工作人才培养与现实社会的关系,充分地实现了社会工作专业教育教学与社会工作现实服务的有机联动,使得潜藏于学生现实生活当中的社会工作服务元素得以充分挖掘,从而形成了易于开展青少年社会工作实务型人才培养的场域及其系统,极大地保障与促进了社会工作专业学生专业"惯习"的养成和专业实务能力的提升。

二　整合资源

青少年社会工作实务型人才培养的"大社区"平台的构建,既为人才培养所需资源的提供与整合奠定了基础、形成了条件,更对人才培养所需资源的开发、整合提出了相应的要求。换言之,不构建"大社区"平台,整合资源无从谈起,反过来,不整合资源,"大社区"平台的建构只会流于形式,无法对实务型人才培养提供现实的支撑。在青少年社会工作实务型人才培养过程中,整合资源与打造平台其实就是一体两面,构建"大社区"平台的过程也是整合人才培养所需资源的过程。

从整合内容的角度而言,青少年社会工作实务型人才培养过程中所需整合的资源包括:用于社会工作专业学生进行实务训练、开展模拟社会服务、施行现实社会工作服务的各种具体物资、设施、环境、人员等条件，比如开展实务训练与社会服务所需的机会、时间、资金、项目平台、督导力量等。青少年社会工作实务型人才培养需要有丰富的教育教学资源与社会服务资源予以支持，对资源的整合要求我们必须对社会工作专业课程系统、教学系统进行重新梳理、调整与规划，以便把更有价值的资源融入课程教学系统中。

从整合对象的角度而言，青少年社会工作实务型人才培养过程中资源整合的提供者是多元的，不仅包括校内资源的提供者，也包括校外资源的提供者；不仅包括教育教学资源的提供者，也包括社会服务资源的提供者；不仅包括个体资源的提供者，也包括组织资源的提供者。通过社会工作实务型人才培养过程中的资源整合，加强了与多个部门、多方人员、多个单位的有效组织、协同与联动，使高校教育工作者、一线社会工作机构服务人员、行业部门管理者等多元主体形成应用型人才培养的合力。

从整合过程的角度而言，青少年社会工作实务型人才培养过程中资源积聚、调配，实质是一个制度、政策调整建立与完善的过程。强化实务型人才培养需要实现培养资源的有效、丰富、优质配给，而现实培养过程中却不同程度地存在培养资源不足、资源单一、资源品质落后、资源调配渠道不畅等问题。从根本上而言，这些问题是人才培养制度、政策的相对滞后所造成的。所以，整合社会工作实务型人才培养资源的过程，实质上也是改革人才培养政策、制度、机制的过程。据此，青少年社会工作实务型人才培养模式构建，就是要建立健全社会工作专业课程与教学机制、社会工作专业与相关部门、组织、单位的合作联动机制，从而更好地整合实务型人才培养所需要的资源。

通过资源整合，能够保证人才培养过程中输血造血功能的完善，有力促进"大社区"平台的有效构建和实效运转，使得青少年社会工作实务型人才培养有了根本性的保障，社会工作专业学生在实务能力方面有了全方位的真实锻炼。

三 强化应用

应用型人才培养要求在人才培养的过程中，要强化学生对所掌握的社会工作理论进行现实应用的能力，要求学生在社会工作专业实践中得到锻炼与成长。在青少年社会工作实务型人才培养模式中，"强化应用"既是指导思想，也是具体举措。

作为指导思想的强化应用，是指将应用型人才培养作为青少年社会工作实务型人才培养模式构建的出发点与落脚点，是社会工作专业建设与发展的重要质量标准。从社会工作专业特性而言，应用型人才培养即实务型人才培养。所谓的社会工作专业实务型人才是指掌握社会工作专业理念、理论与方法，具有较强的专业服务意识与能力，更好地服务于社会民众、解决社会问题的专业性人才。强化实务训练，强化社会工作专业理论与方法的现实应用，是青少年社会工作实务型人才培养的主旨与主线。社会工作专业学生实务能力的养成与水平程度，是检验、评估实务型人才培养模式各个环节的根本标准。它要求社会工作课程体系的规划、教学模式方法的选择与设置、师资力量的培养培训等方面都要围绕服务社会工作实务型人才培养来进行。

作为具体举措的强化应用，是指在青少年社会工作实务型人才培养模式中，实务能力的培养训练是关键环节与重要内容，是贯通整个人才培养模式始终的主线，是人才培养的核心要素。具体表现在以下方面：

课程系统方面，增加实务能力训练相关的课程与课时，开发本土化的社会工作服务课程，增加社会工作实习课程与课时，加强毕业论文研究中实践选题的指导与选择。

教学系统方面，借助混合式教学、翻转课堂、现代化教学手段的应用，采取角色扮演、场景模拟、分组教学等实务训练的教学方法，来提高学生的专业实务能力；教师编写适切性、实务性突出的教材，实施实务能力考评为特征的考试内容与方式的改革等。第二课堂方面，把专业知识的运用有机融入学生课余学习、生活当中去，开展现实的社会服务与项目研究。社会实践与社会服务方面，采取项目化运作、团队化运作的方式，全方位锻炼学生的综合实务能力。

教师系统方面，积极进行社会工作实务能力提升为核心的教师业务学习、进修，建立教师实务能力提升的评价督促机制，提高教师的社会工作服务与管理的实务水平、实务教学水平以及实践实习的督导水平。

通过以上的举措设计安排，实现学生能力培养方面的"用"字当头，训练为先，切实把学生实务能力的培养落到实处，保障青少年社会工作实务型人才培养的实效。

四 模块培育

模块培育是指依据系统化、结构化的思路，在青少年社会工作实务型人才培养过程中，将培养资源从结构、时间、空间等方面进行组织、组合，形成多样的培育模块。这些培育模块是构成青少年社会工作实务型人才培养模式的子模式，进行模块化培育是资源整合的必然要求与结果。

任何学校人才培养模式都是以一定的学期、学年为时间载体，以一定的教室、实验室等构成的教学场所为空间载体，以一定的课程内容、教学方式为活动载体的系统化、结构化的存在物。过去社会工作人才培养模式在这方面还存在一些不足之处，比如培养资源闲散闲置，之间的关联度、衔接性不强，缺少应有的整合、黏合；培养方式方法较为泛化零散，不能有力、有效地解决实务型人才培养问题；教师和学生对实务型人才培养的目标、体系、方式方法等情况并不十分清楚，还不能形成清晰的认识框架以及明确的接纳态度。社会工作人才培养存在的这种杂而无序、资源利用不足等状况，必然会导致实务型人才培养力度不足、成效不明显。

第二章 青少年社会工作实务型人才培养模式建构的阐释

在青少年社会工作实务型人才培养模式的构建中，以系统论思维为导引，本着"化零为整、合理组合、有序衔接、协同并进"的原则，打造了课堂实务模拟模块、课余生活服务模块、项目服务模块、学段辅助活动模块和专业思想教育活动模块在内的模块育人模式，使得课程、教学等方面的育人资源得到更为合理的开发、整合、配置，培养目标更加明确，教育教学重心更加凸显。

模块化培养有助于教师更好地把握、规划教育教学步骤进程，更有针对性地对学生实务能力进行专门的强化训练，更好地对学生的实务能力培养质量、品质进行监控评估；从学生的学习心理角度而言，明晰的、结构化的模块设计，有助于学生更好地厘清、明确学习任务，把握学习进程与学习重点，从而更好地进行学习上的自我规划、自我调整、自我监控、自我提高，实现教育与自我教育的有机融合，促进学生成为自觉学习与应用社会工作专业理论、方法开展服务的的主体。

第二节　青少年社会工作实务型人才培养模式的特点

青少年社会工作实务型人才培养模式涵盖了社会工作本科专业所有学段的人才培养过程与运作要求。从实务型人才培养模式流程来看，青少年社会工作实务型人才培养模式展现的是一个复杂的、立体的、多元的培养模式与框架。这一模式框架具有以下特点：

一　系统性

人才培养的长期性、复杂性决定了青少年社会工作实务型人才培养模式的构建与实施是一项包含了多元因素、链接了多方资源的系统性工程。从涵盖范围看，青少年社会工作实务型人才培养模式是对社会工作专业本科学生在校四年的培养所进行的整体式、一体化构建，而不是只对人才培养的某一方面、某个环节所进行的具体的、局部的设计。从包含要素看，该模式统摄了人才培养所需的理念目标、课程教学、社会服务、质量监控等多方面要素，并在诸要素间建立起了有机的关联。从培养目标看，该模式致力于培养社会工作专业学生的综合性素质与能力，以使其成为实务能力相对突出的复合型人才。从培养力量来看，该模式不仅把校内，同时也把校外的相关人员、资源纳入进来，形成"众师""多样课堂"的合力培养局面，为产学研结合、一体化人才培养创造了条件。系统性的模式设计是针对青少年社会工作实务型人才培养的综合性、复杂性、长期性而做出的统筹性考虑与安排，为社会工作专业人才培养全面、系统、扎实、有效地开展提供了有力保障。

青少年社会工作实务型人才培养模式的系统性，要求社会工作专业教育在应用型人才培养理念的指导下进行全方位的改革，以社会工作专业人才实务素质与能力培养为导向，以专业、课程教学改革为核心，以实践教学为重点，积极协同、联动各方面教育力量与资源，构建青少年社会工作实务型人才培养的综合平台，形成校内外一体化培养的立体格局和长效机制。社会工作专业教育教学的开展要坚持统筹性、协同性、调控性的原则，以保证青少年社会工作实务型人才培养活动顺利地实施与运行。

二 序列性

人才培养是一个历时性过程，需要在培养目标、教学内容、考核评价等方面前后衔接、循序渐进、螺旋上升，即在人才培养过程中，根据专业人才成长的规律与培养目标体现出培养安排上的序列性。在专业教学过程中，一般都会考虑到学科知识的难易程度、逻辑结构来有序地安排相应课程教学内容，但是应用型人才培养，如果只是考虑到知识的逻辑结构及难易循序则是远远不够的，这样只能有助于培养理论知识型人才。应用型人才的培养，要求课程教学不但要考虑到理论知识的逻辑结构，同时要考虑到学生在生活和实践中的经验结构、认知结构，以及学生专业经验、专业心智的成长规律，并且能够有机地进行整合，进而在此基础上形成序列化方案与程式要求，这样才有助于应用型人才培养的具体实施，才能保证人才培养的实效。

在青少年社会工作实务型人才培养模式的设计中，做到把社会工作的理论知识与学生的认知基础、课堂教学与实践实习、学科专业理论与社会现实问题等方面进行有机结合，并在此基础上依照学年、学段顺序构建学业成长、专业能力提升方面的培养模块，使得社会工作实务型人才培养有效地摆脱传统的学科知识本位、课堂学习本位的限制束缚，实现重视学生的经验成长、能力提升的应用型培养转向。

这种整合性、序列化的设计模式，能够把握住应用型人才培养的节律，实现学生实务素养提升与自身发展成长的有机结合，从根本上推进社会工作专业在课程体系设计、教学方式、教学管理等方面的变革。这不仅是对社会工作理论知识学习规律的尊重，对学生认知基础与能力提升规律的把握，更是对应用型人才培养规律的认识，对社会工作专业学生专业成长成才规律的遵循，可以有效地保障青少年社会工作实务型人才培养的成效。

三 整合性

应用型人才培养要求青少年社会工作实务型人才培养必须改变现有的教育教学格局，在课程教学内容、教学方式、条件等方面进行重新调整、组合，以使现实培养资源不断积聚、优化并发挥出最大育人效益。这种整合性在青少年社会工作实务型人才培养模式中具体表现为：

（一）做加法，不断把相关人才培养资源凝聚起来。针对实务型人才培养力量不足、功能单一的问题，把相关人员、资源尤其是来自政府部门、群团组织、基层街道社区、社会工作机构的力量尽可能吸纳进来，不断推进实务型人才培养来自社会工作服务一线资源的增量式发展。

（二）做减法，不断对相关人才培养资源进行精简。舍弃冗余的教育教学资源，剔除不适用于社会工作实务型人才培养的教育教学内容和方式，根据现实社会工作服务需求与实务型人才成长的需要，重构社会工作专业的课程体系、课程内容，采用体现学生主体性参与的教学方式，以保证人才培养的重心真正落到应用与实战上来。

（三）做乘法，不断加强相关人才培养资源的融合。调整、调适既有的教育关系、教育方式，实现社会工作实务型人才培养资源、力量、方式间的有机组合、有效联动，进而可以产生化学式的增能反应：一是可以提高人才培养质量，增强学生的社会工作实务能力，使得他们具有未来发展的能力基础与专业自信；二是可以有效地服务于社会工作行业的发展，服务于社会工作人才队伍的建设，服务于基层社区居民与青少年的发展需求；三是可以提升教师的专业能力，包括教学能力、科研能力与社会服务能力，产出更多社会工作实务研究成果，从而实现青少年社会工作实务型人才培养的资源集优化、功能最优化、价值最大化。

在具体的整合过程中，需要坚持主动性、自觉性、适切性的原则，不是生硬的捆绑式组合、强人所难的"拉郎配"，而是要提高各方面教育力量参与青少年社会工作实务型人才培养的主动性、自觉性，通过加强对学生理论学习的日常应用与专业实践参与的跟进与督导，强化社会工作专业教师的专业服务意识与能力，提高青少年社会工作实务型人才培养的现实能力，实现人才培养过程之中各个要素的有机渗透、融合与联动，创生切实有效的多元化、整合性的青少年社会工作实务型人才培养机制。

四　服务性

青少年社会工作实务型人才培养模式从根本上体现服务性的特点，主要是因为社会工作专业或职业是以生命影响生命的专业性服务工作，要求社会工作者要以自己的专业素质与能力为有需要的人群提供专业性服务，即以应用专业的理论与方法服务目标群体，表现出专业的特性与要求。这就要求青少年社会工作人才培养必须强化学生的社会工作服务意识与服务能力，即实务能力，要针对性地采取真操实练的方式进行。同时，该模式的设计不仅有利于学生专业实务能力的提升，而且保证了青少年社会工作实务型人才培养与服务地方经济社会发展、服务社会工作行业发展的相辅相成、齐头并进。

在高等教育办学自主化、社会化的形势下，人才培养任务的完成不是简单地靠外部资源的引进，这既不现实，也不合时宜，而是需要高校能够主动地实现产教融合，能够与外部社会、行业实现资源的有机对接与结合，不仅使自身具有造血的教育功能，而且要具有向外部输血的服务功能，这样才可以有效地促进专业服务社会、服务行业发展、服务学生的成长成才，才会保证实务型人才培养任务的有效完成，以及培养过程的良性循环。青少年社会工作实务型人才培养模式的设计就是基于这样的考虑，实现实务型人才培养与服务社会、服务青少年群体有机地结合，将青少年社会工作实务型人才培养工作积极向校外的社会实践、社会服务领域延展，借助自办社会服务机构所承接政府购买服务的基层社区为平台，通过实践实习、志愿服务、项目化运作等方式，融合社会工作专业的优势学术资源、学生资源，积极向民政系统、共青团系统输送社会工作的智力成果与实务能力较强的专业服务人员，极大地促进了山东省社会工作事业的发展。在社会工作专业服务社会能力提升的同时，也有效地提高了青少年社会工作实务型人才培养的质量，进一步验证了实务型人才培养模式的成效。所以该模式所呈现的服务性，既是青少年社会工作实务型人才培养的目的，也是人才培养所依赖的手段、所具有的功能。

五 开放性

按照美国教育家杜威的教育即生活、教育即生长、学校即社会等观点，教育应该是一个敞开而非封闭的系统，这样才能保证人才培养有良好的条件、氛围、环境。产教融合形势下，高等学校教育的敞开性、开放性更应该体现在密切结合经济社会发展的时代需求、体现大学生成长成才的现实需求方面。具体到实务型人才的培养，必须要在培养观念、培养资源、培养场域、培养氛围、培养环节等方面实现全面的开放，形成人才培养过程的全方位展现和人才培养面向未来的敞开性，以保证人才培养的源头活水、与时俱进。

青少年社会工作实务型人才培养模式的开放性主要表现在如下几个方面：

（一）面向社会现实生活的开放。在青少年社会工作实务型人才培养的过程中，打破了传统专业教学过于偏重课堂、教师、教材的封闭倾向，使课程教学活动和现实社会生活的内在关系更明确地建立、呈现出来，实现人才培养的整个流程向现实生活的开放，从中获取鲜活、生动、日常性、现实性的课程资源，让学生获得更多应用社会工作理论与方法的机会与场域，使学生积极把社会工作专业学习融入课堂、宿舍、实践教学基地、基层街道社区等应用场域，融入日常生活、社会实践、专业实习、见习、现实社会工作服务工作中去，从具体、真实的现实生活世界的参与中发现问题、分析问题、解决问题，从而提升学生的专业理解力、敏感性与解决问题的能力。

（二）面向学生精神世界的开放。在青少年社会工作实务型人才培养模式的探索与实践中，打破传统专业教学所存在的单一、简单化的教学和评价方式方法给学生思维发展、能力提升所造成的束缚和限制，通过重新组合安排课程、改革评价手段、教学方式等措施，使得课程内容与现实生活有机融合，学生学习与社会服务融为一体，使学生置身于生动鲜活的专业培养活动之中，充分激扬与丰富学生的价值观、情感情怀、意识态度等一切精神世界的正向因素。在实务型人才培养的过程中，教师着力激发学生的主体性，不断挖掘他们的发展优势与潜能，实现他们的交互影响与主体间性作用的发挥，从而促进他们思维活跃、思维开放，实现积极向上、朝气蓬勃地发展。

（三）面向现实与未来的开放。青少年社会工作实务型人才培养模式立足于青少年社会工作服务的现实，将专业实践教学与真实的社会工作服务有机结合，针对青少年社会工作服务的现实问题而"真题真做"，同时专业教学针对青少年及其发展的特点、针对经济社会发展的现实状态进行青少年社会工作服务的前瞻性、可能性的研究，从而使得专业与学生具有回应未来青少年社会工作服务相关问题的能力。

这种开放性的模式设计，能够有效地打通学校与社会、课堂教学与现实生活、书本知识与精神世界、现实服务与未来服务之间的联系渠道，消除束缚青少年社会工作实务型人才培养的隔阂与羁绊，保证人才培养承接地气、扎实厚重。

六　嵌套性

嵌套是指将一个物体嵌入另一物体，在青少年社会工作实务型人才培养过程中，嵌套是指相关培养元素间的有机融合、吸纳的状态。嵌套性是社会工作实务型人才培养模式下相关各培养要素整合联动、形成有机培养合力过程中表现出来的必然特点，根本上是由社会工作专业突出的实务性所决定的，同时也是应用型人才培养的本质所要求、决定的。总体上看，这种嵌套性是把社会工作专业人才培养的课程教学实施过程嵌入到现实的社会实践与社会工作服务中，通过课程教学与服务实践的相互磨合、牵引、联动，实现社会工作专业实务型人才知识与能力结构的功能化发展。具体到培养模式的相关部分与环节，这种嵌套性的特点也较为普遍地存在，包括专业教学与学生管理间的嵌套、社会实践与专业实习间的嵌套、创新创业活动与专业学习间的嵌套等。这种嵌套性的特征，切实打通了人才培养诸因素间的内在关联，使得青少年社会工作实务型人才培养产生联动、叠加效果，学生不断地在融合性的专业实践与学习中提升自己的实务能力。

从模式的运作来看，这种嵌套性表现样态也成为青少年社会工作实务型人才培养有效的现实实施机制。通过人才培养模式构成因素的相互间的嵌套，来挖掘与发挥各方面因素在实务型人才培养方面的优势与作用，实现各方面培养力量的协同发展和利益共赢，实现产学研的高度凝聚与融合。

总之，以上六个特点是对青少年社会工作实务型人才培养模式规律的进一步阐释，使得实务型人才培养模式的可操作性、可复制性、可推广性的特征更为鲜明。

第三节 青少年社会工作实务型人才培养模式的实施原则

青少年社会工作实务型人才培养模式既是一套全面性育人体系，也是一项整体性的教学活动，其实施更是一个复杂性过程。从实务型人才培养的规律、社会工作专业特点以及该模式自身内在架构、运行机理出发，须坚持贯彻以下原则来保证该模式的顺利实施和丰富发展：

一 宏观布局与微观落实相结合原则

青少年社会工作实务型人才培养模式既是一套有着严密逻辑体系的人才培养设计方案，同时也是以此展开课程教学活动的具体行动指南，其整合性、系统性、实践性等特点决定了模式的实施应用要坚持宏观布局与微观落实相结合的原则。

宏观布局是指在青少年实务型人才培养模式构建实施过程中，其整体性设计安排要着眼于学生的全人成长、全面发展，服务于地方经济社会对社会工作人才需求，链接各方面育人资源，构建育人共同体，实现大教育观、大人才观、大课程教学观的培养格局，形成人才培养总体性、长效性规划蓝图，保证人才培养的厚基础、高层次、广视野、宽口径。具体而言，这样的宏观布局在空间性上体现为对教室、校园、社区等专业教学、服务场域的一体化构建；在时间性上体

第二章 青少年社会工作实务型人才培养模式建构的阐释

现为对学生从大一入学到大四毕业、再到毕业的就业创业的成长性、追踪性、序列性培养设计；在模式目标方面体现为学生实务能力培养、教师专业能力培育、专业建设水平提升等方面的协调并进；在模式路径方面体现为课堂教学、校内实践、社区服务等专业活动的衔接融合；在模式主体方面体现为专业教师、学生、一线社会工作者、学生工作人员、业界专家、街道社区工作人员等多元主体的链接联动。

微观落实是指根据宏观布局要求，把专业人才培养目标、培养任务、培养方略切实落实到具体的课程教学活动之中，实现模式由理论设计到实践行动的具体转化，保证人才培养过程的细致、厚重、稳固，确保人才培养过程充满动力与活力，人才培养效果扎实、有效。具体而言，微观落实表现为制定具体化、操作化模式实施的行动计划；明确模式目标任务的责任落实；加强过程性管理，实现课程教学活动与环节的缜密性、精细化安排设计；细化督导与评估机制，确保每一名学生的培养、每一名教师的成长都有所关照保障。

二 实务型人才培养与社会工作行业发展相结合原则

应用型特征决定了青少年社会工作实务型人才的培养必须紧密与社会工作行业发展相结合，而且由于社会工作行业在我国发展的特殊情况，决定了这种结合的重要性与特殊性。我国社会工作走的是一条"教育先行"的道路，即通过大力创办高校社会工作专业来加强所需社会工作人才培养，通过人才培养来促进社会工作行业的发展。这样的一条单向度的发展道路，的确加快了社会工作行业发展的速度进程，但也存在着社会工作行业服务市场发育不充分的问题。由于市场发育不充分，导致行业发展缺乏内在活力，缺少足够吸纳社会工作人才的岗位，相关薪酬待遇不足，不能及时、灵敏、充分地回应社会问题与社会需求，在专业人才素质标准方面不能与高校人才培养目标形成有效的互构，二者之间存在不小的偏差与隔阂。如何通过改进人才培养的目标、机制、路径来回应社会工作行业发展需求、协调与社会工作行业的关系、更好地促进社会工作行业的发展，成为高校社会工作专业教育改革的迫切要求。

在青少年社会工作实务型人才培养过程中，要坚持社会工作专业教育与社会工作行业发展相结合的原则，进一步总结提升社会工作发展"教育先行"的经验，改进其中的不足，更进一步发挥社会工作专业教育在促进行业发展方面的能动性。要根据青少年现实发展状况以及青少年社会问题来针对性加强学生青少年社会工作实务能力的培养，实现与青少年社会工作岗位人才需求的零距离对接；要进一步利用产教融合政策来加强青少年社会工作专业教育在青少年事务工作中的推进作用。在青少年社会工作实务型人才培养模式探索过程中，我们积极通过一线行业发展情况的调研、加强社会工作专业教育与行业间的资源链接、专业教师领办专业服务组织、支持引导毕业生创办社会服务组织等方式来获取人才培养的行业支持，同时又在青少年社会工作行业领域发展中不断发挥专业教育的作用，实现社会工作教育与行业发展的良性互构与发展。

三　人才培养活动的创新发展和特色发展相结合原则

传统理论知识传授为主导的教学方式、封闭式的人才培养活动不能适应社会工作实务型人才的培养，必须对原有的课程系统、教学系统进行新的调整与变革，形成新的教学模式与方法，才能服务于高质量的社会工作实务型人才培养。所以青少年社会工作实务型人才培养模式的实施运行一定是一种变革性的人才培养活动，旨在推进与实现社会工作人才培养活动在课程规划设置、教学模式方法运用、实践活动开展、人才培养评价、师生关系等方面的创新。青少年社会工作实务型人才培养模式的创新，除了在人才培养观念、课程教学理念方面根据社会发展对人才培养需要的现实转变，要求具有变革创新的勇气、魄力之外，更要具有科学、正确的方向路径与行之有效的方式方法。具体而言，要能够把人才培养的一般规律、教学活动的一般规律

第二章 青少年社会工作实务型人才培养模式建构的阐释

与社会工作服务活动的特性有机结合起来，探寻社会工作专业人才培养与教学活动的特殊规律，并在遵循这种特殊规律的基础上，厘清社会工作教学活动创新的方向、路径与任务。据此逻辑，青少年社会工作实务型人才培养模式创新，主要集聚于实务型人才培养为导向的课程教学场域构建、真操实练型的教学模式方法的设计运行、互动互惠式的人才培养资源的链接机制生成等方面，从而形成青少年社会工作实务型人才培养的新局面、新格局，这也正是本研究所致力开拓探索的着力点。

青少年社会工作实务型人才培养模式不仅要走创新发展道路，也要走特色发展的道路。创新性发展强调的是，否定陈旧不合时宜、束缚事物发展的东西，创造新事物，有效解决问题，从而更好地引领发展，而特色发展强调的是从自身的实际情况、优势强项出发，有针对性地解决问题，强调发挥事物发展进程中人的主体性特征。特色发展既是创新发展的应有之意，又与创新发展相辅相成。青少年社会工作实务型人才培养活动的特色发展体现为：在社会工作人才培养过程中，能够做到以我为主，充分发掘和利用自身资源与潜能，充分体现专业及师资队伍的优势特长，为社会提供青少年社会工作服务与支持，从而充分满足地方经济社会发展需求、有效回应与解决当地青少年成长发展的现实问题。具体而言，就是充分发挥学校在青少年教育与研究方面的历史传统与丰富经验，聚焦大学生群体、城市流动青少年群体、农村留守青少年群体等特殊青少年群体的状况与问题，走产学研一体化道路，打通教室、校园、社区间的联系，形成人才培养的大教育教学格局与育人共同体，构建多元化、训练化、开放性为特征的社会工作实务型人才培养体系，培育集社会工作价值观、专业理论、专业技能于一身的复合型青少年社会工作人才。通过这样的特色发展、优势发展，推进变革创新，提升社会工作实务型人才培养的质量。

四 理论知识掌握与实务能力训练相结合原则

进行青少年社会工作实务型人才培养模式的实践探索，加强人才培养实务训练，旨在克服过去社会工作人才培养中存在的偏重理论知识的倾向，但这并不意味着社会工作理论知识不重要，并不是要弱化社会工作理论知识的教学，而是要通过加强实务能力训练的方式来更好地丰富、完善社会工作理论知识的教学，更好地实现社会工作理论知识的掌握对实务能力提升的支持作用。在青少年社会工作实务型人才培养模式实践过程中，要坚持社会工作理论知识掌握与实务能力训练相结合的原则，才能有效地培养高质量的社会工作实务型人才。

这一原则是指在社会工作教学过程中，通过开展课堂模拟服务、校园生活社区中的锻炼、基层社区青少年服务参与等综融性教学活动，寓社会工作理论知识的授受于具体、现实的服务活动、实务能力的训练当中，实现社会工作理论知识传授和实务能力训练的有机统一，使社会工作理论知识真正内化为学生社会工作实务能力结构的有机要素。这样的原则要求是社会工作实务型人才培养之必然。从素质结构而言，社会工作实务型人才的核心特征是既懂理论、又通实务，这样的素质结构要求在具体的人才培养过程中，要处理解决好理论知识掌握和实务能力习得的关系，形成二者间相互协同促进的联动机制。择要而言，贯彻该原则，要正确认识社会工作理论知识与实务能力间的内在逻辑关系，能够认识到社会工作理论知识是实务能力形成的基础，缺少理论知识的积淀与指导，实务能力就成为缺乏牢固根基的简单机械性行动；同时又能够认识到实务能力是所掌握的理论知识的外化展现，只有在实际社会服务过程中加以具体运用，或者凭借自身所形成的专业能力去解决现实问题，社会工作的理论知识才能够最终得以牢固掌握，并不断生成与发展成自我内在的知识结构；社会工作专业教师要通过案例教学、项目化教学等教学方式方法的运用，实现理论知识学习由静态化的认知向动态化的认知过程转化，以保证学生在社会工作理论知识有效运用过程中，把理论知识转化成自己的认知资源与能力；要引导学生在完成学习任务过程中，加强对社会工作理论知识运用的反思，以保证学生不断加强对社会工作理论知识的体验认知，并且能够不断生成个性化的自我经验，使外在的社会工作理论知识真正得以内化与创新，从而使学生所掌握的社会工作理论知识实现由认知客体形态向认知主体形态的转变，由书本样态向能力样态的转变。

五　教师主导与学生主体作用相结合原则

教师和学生是教学活动运行的两个重要主体，其中教师要起到主导作用，引导、协调、控制教学过程；学生要积极主动参与教学过程，成为学习的主体，这样才能使教师教的活动和学生学的活动有效互动，保证教学过程主体间性作用的发挥。

传统教学活动中，教师的主导作用的发挥主要表现为引导学生对理论知识进行系统学习，重点围绕课程教学对学生的学习活动进行调控，具有明显的知识授受特征。而在青少年社会工作实务型人才培养模式运行过程中，教师的主导作用主要表现为，以社会工作理论知识引导学生积极参与相关社会工作实务能力的训练与应用，主导作用发挥的重心、范围、方式都发生了很大的变化，体现出鲜明的实务训练特征。因此，在该模式下，教师要想发挥好主导作用，其前提是要充分认识学生的主体性，转变主导观念，明确主导角色要求，同时，教师自身必须要有良好的社会工作实务素养，具有丰富的社会工作实务经验，能够熟识和把握社会工作服务过程与管理规律。所以，为保证青少年社会工作实务型人才培养模式能够顺利运行，要积极通过多样培养路径、方式来提升教师自身的社会工作实务素养与能力，以便保证教师在学生实务训练方面主导作用的发挥，并成为学生实务素养提高的表率典范。提升的路径方式包括在职进修、业务培训、一线岗位挂职锻炼等。

青少年社会工作实务型人才培养模式研究

青少年社会工作实务型人才培养模式运行过程中,主要是通过自我教育机制来实现学生主体作用的发挥。自我教育是教育所要实现的最终目标,是促进人才发展的根本动力,即教育就是培养学生的自我教育能力,从而使学生具备终生学习的能力。青少年社会工作实务型人才培养就是要引发学生的自我教育意识,即通过学生参与社会工作服务的主体性实践,将外在的社会工作专业教育转化为学生内在的自我教育能力,将社会工作理论与方法通过服务实践内化为学生的心智结构,外化为学生的自觉性专业行为,从而使得这种自我教育机制不断地发挥促进实务能力提升的作用。显然,自我教育机制是由外在教育活动引发、实施而带来的直接性的结果。

在青少年社会工作实务型人才培养的过程中,通过系列化、专业化的教育指导活动,包括课堂参与、课余实践、专业反思、承担项目、社团活动、自主创业等等,激发并运行了青少年社会工作实务型人才培养的自我教育机制,来促进学生的自主学习、自主实践、自主发展,实现学习主体性作用的彰显。如,学生在日常性专业习惯的养成过程中,能够自觉地以专业实践体验、参与和行动来践行"助人自助"的专业价值观,自觉地对照自己的学习、服务行为来反思在专业价值观、方法等方面的不足与需要进一步强化的方面,从而引发自我教育机制的作用,使专业反思成为不需要刻意去做的、自觉的自我教育活动。

青少年社会工作实务型人才培养模式运行过程中,教师角色、学生角色具有多样化特点。专业教师、一线社会工作者等相关人员都要担任教师、督导、管理者等角色;学生要担任实习者、服务者、项目参与者、项目管理者等角色。明确多样角色的相应要求,学会胜任不同角色,这是发挥教师主导作用、学生主体作用的重要方式。

第三章　青少年社会工作实务型人才培养模式的建构实践

本研究自 2015 年开展以来，边实践、边反思，将青少年社会工作实务型人才培养模式从理论构建向现实育人转化、从教学改革实践向人才培养模式打造与凝练发展，分组教学模式、校园实践模式、服务参与模式等实务型社会工作人才培养模式逐步成熟，不同模式之间形成了有机的联动协同，产出了社会工作实务型人才培养模式教学成果，青少年社会工作实务型人才培养水平得到了很大提高，人才培养模式也不断得到调整、修正、巩固与完善，其规范化、操作化、实践化、科学化水平也得到提高。

青少年社会工作实务型人才培养模式基本实施流程为：在实务型人才培养目标指引下，根据社会对社会工作人才需求的标准，以青少年社会工作实务能力提升为核心，进一步改革完善人才培养方案。在具体培养过程中，基于分组教学模式、校园实践模式、服务参与模式，实现课堂、校内、校外三条培养路径协同并进、相互联动，将社会工作专业教学的学周、学期、学年等时间维度，与社会工作专业教学所涉及的课堂、实验室、校园、宿舍、专业机构、社会场域等空间维度有机结合，构建青少年社会工作实务型人才培养的社区平台以扩大实务能力的培育空间，进而依次设计、开展、实践青少年社会工作实务型人才培养活动，实现专业课程与专业实习的有序衔接，形成学生实务能力提升的渐进型实践教学体系。具体实施流程见图 3。

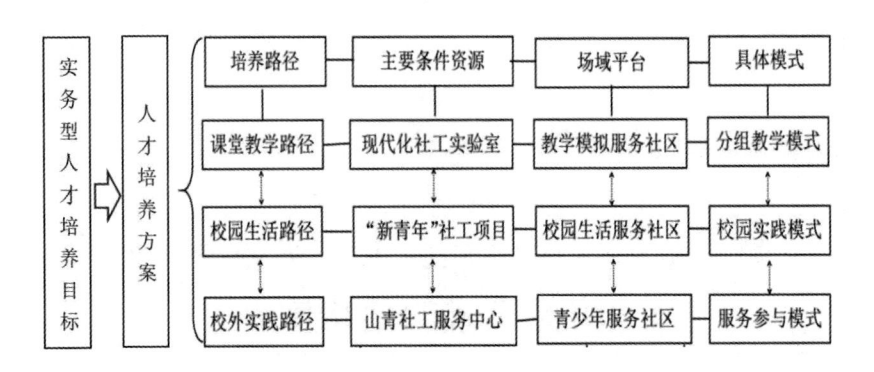

图 3　青少年社会工作实务型人才培养模式实施流程

第一节　改革完善社会工作专业课程体系

人才培养方案是专业进行人才培养活动的指南与纲要，人才培养方案的修订是任何专业教学改革真正得以实施的基础性工作。本研究就是根据应用型人才培养目标的要求，对社会工作专业的培养目标与要求、课程类型、学时比例、教学计划安排等内容进行具体安排与要求。本专业过去的人才培养方案基本是移植其他"985""211"高校社会工作专业而来的，虽然有一定程度的改造，但是整体来看，方案中所设置的课程理论化偏强、实践性较弱，校本特色不够鲜明突出，比较缺乏个性，并不能很好地适应山青院作为地方性、应用型本科院校的办学定位、人才培养宗旨，不能很好体现学校在共青团教育、青少年教育方面的办学特色和优势，一定程度上制约了专业自身的发展进程，服务地方经济社会发展的功能发挥不足。根据学校应用型办学定位、社会工作专业人才的现实需求与能力要求，我们首先从修订完善人才培养方案开始进行青少年社会工作实务型人才培养模式的探索。

一　明确与细化青少年社会工作人才培养目标

培养目标是人才培养模式建构的灵魂，是课程体系建构、教学活动实施和教学效果评估的指南与基本依据。青少年社会工作实务型人

第三章 青少年社会工作实务型人才培养模式的建构实践

才培养模式的构建,首先要从人才培养目标中得以体现。

（一）培养目标的价值与制定思路

应用型人才培养要遵循"产出导向的教育"（Outcome-Based Education，OBE）理念，坚持学生中心、产出导向、持续改进的原则，其实现的路径表现为反向设计、正向实施。因此，应用型人才培养目标的制定应符合市场、行业的需求，具有突出学生主体地位、强化学生能力培养等特点。社会工作行业一直强调社会工作岗位服务的规范化、标准化、专业化建设，这反映在社会工作专业实务型人才培养目标上，就是要求建立好规范化、标准化、专业化、体系化、综合化的社会工作专业人才素质能力指标与评价体系。传统社会工作专业培养目标一定程度上存在理论化、知识化，且模糊、空泛、虚化倾向较为明显的现象，直接影响社会工作专业实务型人才培养的效果与质量。当然这与社会工作专业教育发展的客观现实密不可分，与社会工作理论与方法本土化实践时间不长、与实践教学场域、平台缺乏有着直接的关联。

借鉴"现代课程理论之父"泰勒（Tyler）的观点——良好的课程目标来源于对学生的研究、对社会生活的研究以及学科专家的建议，本研究认为，应结合社会工作专业特点和社会工作服务行业要求，建立一整套满足服务对象需求、具体可操作、技能指标明确且突出的社会工作专业实务型人才培养目标体系，以此来指引社会工作实务型人才培养的方向，统领整体性人才培养模式的构建。这需要做好以下工作：

1. 明确青少年社会工作定位。在确定社会工作专业实务型、普遍性人才培养目标的基础之上，进一步着眼于青少年社会工作的特殊性，提炼青少年社会工作专业方向的培养目标，明确要培养从事青少年社会工作服务与管理的应用型高级社会工作专门人才，以此为导引来构建相关指标体系，进而进行课程体系、教学环节、考核评价机制等内容的规划设计。

2. 进行青少年社会工作需求与岗位需求调研。做好有关青少年社会工作及其岗位需求的调研，并把调研结果与社会工作专业理论、社会工作专业学生成长需要有机整合。向社会工作专业界权威专家、共青团系统干部、街道社区工作人员、一线资深社会工作者、社会工作机构负责人、社会工作督导等咨询与调研他们对实务型人才目标制定的意见与建议，从而为具体目标体系制定提供充分、多渠道、专业性的依据。

3. 培养目标体系的构建。对培养目标进行具体分解与体系化的构建，包括建立社会工作专业人才素养的一般要求与青少年社会工作实务型人才特有质量、规格要求相结合的层级化目标体系，即学年目标、学期目标、具体课程目标相匹配的序列化目标体系；建立社会工作专业所特有的专业价值伦理、理论知识、方法技能等有机结合的结构化目标体系。最终，形成一整套融价值观念、专业理论、经验知识、方法技能于一体的内容维度、功效维度、时序维度完备的青少年社会工作实务型人才培养指标体系。

（二）青少年社会工作实务型人才培养目标体系的理论探索与现实构建

本研究，以泰勒的理论观点为依据，严格遵循应用型人才培养的要求，从现实的调研入手，征询专家等各方意见，反复论证，建构青少年社会工作实务型人才培养目标，具体做法如下：

1. 开展实务型人才目标制定的调研。积极调研，了解社会对社会工作人才质量规格的需求及一线社会工作者的素质状况。一是调研现有的专业社会工作机构及其项目所在地的街道与社区，了解其对青少年社会工作人才的需求与要求，了解目前从事青少年社会工作服务的社会工作者的素质与水平。二是依托自办社会服务机构"济南山青社会工作服务中心"所承接的共青团山东省委"山东省12355青少年公共服务台"，了解各地青少年社会工作发展的情况与共青团系统青少年事务社会工作人才队伍建设的情况。2014年10月，协同共青团山东省委进行了全省青少年事务社会工作专业人才队伍建设的调研，

第三章 青少年社会工作实务型人才培养模式的建构实践

在问卷调查、座谈讨论、深度访谈等基础上，形成了相关的调查报告，对青少年社会工作人才队伍的现实状况与社会要求有了全面、清晰的认识。2015 年协助共青团山东省委争取省财政福彩公益金 950 万元，打造全省社区青少年社会工作示范工程，在全省基层社区建构了 90 个青少年社会工作服务站点，并依托站点开展了青少年社会工作人才需求与能力要求调研、青少年社会工作人才队伍建设、青少年社会工作服务督导与评估等相关工作，这都为进一步构建青少年社会工作实务型人才培养目标提供了一手参考资料、奠定了较好的基础。

2. 建构青少年社会工作者职业素养模型。在调研基础上，进行青少年社会工作者职业素养的分析并构建了模型（见图 4）。[①] 本研究认为，价值理念素养、理论素养、能力素养、个性素养是青少年社会工作者所必须具备的四项职业素养，其中，价值理念素养起到方向引领的核心作用，只有在社会工作专业价值理念指引下，才能保证青少年社会工作者服务的正确性和有效性；理论素养、能力素养为青少年社会工作者专业素养的两个基础支撑，是青少年社会工作者不断推进服务实现专业化、系统化、实效化发展的职业保证；个性素养虽然非常个人化，但却是职业素养中不可或缺的部分，在整个职业素养体系中发挥核心动力作用。

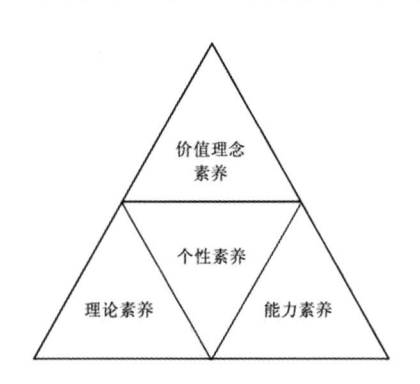

图 4　青少年社会工作者职业素养模型

[①] 孙成键、吕春苗：《青少年社会工作者的职业素养探析》，《山东青年政治学院学报》2015 年第 5 期。

在此模型基础上，进一步剖析青少年社会工作职业素养的构成维度（见表1），按照从宏观到微观的思路划分，把青少年社会工作者四项素养分别从社会、社会工作、青少年这三个维度来进行分析，形成十二个具体发展维度，具有极强的系统性、层次性，便于实际人才培养中的落实与操作。青少年社会工作者职业素养分析与模型构建，为青少年社会工作者实务型人才培养目标体系的构建提供了专业依据。

表1　　　　　青少年社会工作职业素养构成维度

职业素养	发展维度
1. 价值观念素养	1.1 社会主义核心价值观
	1.2 社会工作专业价值观
	1.3 青少年社会工作价值与伦理
2. 理论素养	2.1 社会服务理论
	2.2 社会工作专业理论
	2.3 青少年社会工作特有理论
3. 能力素养	3.1 社会服务方法与技巧
	3.2 社会工作专业方法与技巧
	3.3 青少年社会工作特有方法与技巧
4. 个性素养	4.1 "亲"社会个性
	4.2 "亲"社会工作个性
	4.3 "亲"青少年个性

3. 社区青少年社会工作职业胜任力模型的研究与建构。随着研究团队成员积极主导和参与社区青少年社会工作服务实践，开始从青少年社会工作职业素养构成的研究，发展到对社区青少年社会工作职业胜任力的关注与研究，聚焦人才培养目标的实务性，探讨建构青少年社会工作职业胜任力模型。由于当前社区青少年社会工作服务的复杂性，为了全面了解当前社会服务发展对社区青少年社会工作者职业胜任力的客观要求，并能够在真实情境中更好理解和梳理一线社会工

第三章 青少年社会工作实务型人才培养模式的建构实践

作者对职业胜任力的概念表述，本研究团队成员深入青少年社会工作一线实务场域，通过参与式观察和体验等方式构建职业胜任力指标，使所构建的指标与内涵更加符合具体的实践要求与指向。

在职业胜任力模型方面，国际学术界以"冰山模型"和"洋葱模型"为主要构建模型。其中"冰山模型"认为个体职业素养的内容与结构就像冰山一样，可以分为"水面以上的部分"和"水面以下的部分"。前者包括基本知识与技能，较为容易被了解与测量，也比较容易通过培训来改变和发展；后者包括社会角色、自我形象、特质和动机，较为内在与难以测量，也不太容易通过外界的影响而改变，但却对个体行为具有关键性的影响。而"洋葱模型"将个体胜任力由内到外概括为层层包裹的洋葱状结构，其最核心的是动机，然后向外依次展开为个性、自我形象与价值观、社会角色、态度、知识、技能。越向外层，越易于培养和评价；越向内层，越难以评价和习得。

本研究在"洋葱模型"基础上，结合青少年社会工作服务实践情况，建构以"职业素养+特质要求"的"双维度"社区青少年社会工作职业胜任力模型（见表2）。其中，职业素养维度包括价值观、工作理论、岗位法规与政策、岗位知识、岗位能力、职业驱动力、个人品质七个方面，特质包含社会特质、专业特质、社区青少年特质三个方面。

表2　　　　社区青少年社会工作职业胜任力构成一览表

素养＼特质	社会特质	专业特质	社区青少年特质
价值观	社会主义核心价值观	社会工作价值观	党管青少年
工作理论	马克思主义等思想政治理论	1. 社会工作专业理论 2. 心理学专业理论 3. 社会学专业理论 4. 管理学专业理论	1. 人与环境相关理论 2. 发展心理学理论 3. 教育学理论 4. 社区发展模式相关理论

续表

素养 特质	社会特质	专业特质	社区青少年特质
岗位法规与政策	社会热点政策、公共服务政策	社会工作相关政策	1. 青年中长期发展规划 2. 社区发展相关法规与政策 3. 义务教育法等青少年权益保障的相关法规与政策
岗位知识	1. 优秀传统文化知识 2. 创新发展知识 3. 区域文化知识	1. 个案工作知识 2. 小组工作知识 3. 社区工作知识 4. 社会工作行政知识 5. 调查研究基本知识	1. 青少年流行文化知识 2. 不同发展阶段青少年特点与需要知识
岗位能力	1. 包括听说读写、综合分析、逻辑思维、基本行政等任何一种职业都需要的基础性能力（基本能力） 2. 沟通能力 3. 反思与改进能力 4. 创新发展能力 5. 终身学习能力 6. 知识迁移能力	1. 洞察能力 2. 共情能力 3. 资源识别与整合能力 4. 服务需求评估能力 5. 服务设计能力 6. 专业服务执行能力（个案、小组及社区的基本工作落实能力） 7. 成效评估能力 8. 自我觉察能力 9. 宣传能力（美篇、海报等的制作）	1. 大型社区活动的组织与实施能力 2. 青少年服务创新能力（如历奇训练、音乐治疗、绘画治疗、游戏治疗等） 3. 思想引领能力 4. 亲子沟通指导能力 5. 青少年朋辈辅导能力 6. 整合青少年关爱行动系统的能力
职业驱动力	社会责任驱动力	专业价值驱动力	1. 人群驱动力 2. 岗位驱动力
个人品质	开放、责任、情绪稳定、包容、积极向上、坚韧、团队合作意识、亲和力		

4. 建构青少年社会工作实务型人才培养目标体系。在听取相关

第三章 青少年社会工作实务型人才培养模式的建构实践

学科专业专家、民政部门、共青团系统、街道社区领导与工作人员、一线社会工作者及社会工作专业师生意见和建议的基础上，结合社会工作专业人才培养方案与专业建设规划，把青少年社会工作职业素养的现实要求转化和生成为四个维度层次的青少年社会工作实务型人才培养目标体系（见表3）。

表3　青少年社会工作实务型人才培养目标体系

正确的价值理念	社会主义核心价值观
	社会工作专业价值观：助人、尊重、接纳、个别化、保密、不批判等
	青少年社工价值伦理：理解、发展、保护等
扎实的理论知识	社会服务理论知识：心理学、教育学、社会学、管理学等
	社会工作专业理论知识：优势视角、社会支持、生态系统等
	青少年社会工作理论知识：青春期朋辈群体、流行文化、亲子关系等
系统的技巧能力	社会服务技巧能力：调查、分析、文案写作能力等
	社会工作专业技巧能力：个案工作、小组工作、社会行政、社会政策等
	青少年社工专业技巧能力：历奇辅导、家庭治疗、社区教育等
良好的个性品质	亲社会个性品质：公民基本品德
	亲社会工作品质：认同、热爱、奉献等
	亲青少年品质：了解、尊重、热爱、接纳等

为了进一步强化青少年社会工作实践教学，本研究将社区青少年社会工作职业胜任力指标作为实践教学的目标体系，以对整个实践教学体系形成方向性指导。在实践教学设计过程中，通过矩阵模型，进一步明确职业胜任力模型对实践教学过程的精准指向，将社区青少年社会工作职业胜任力指标在具体的课程内实践、开放性实验项目、综融性实践中进行对应设置（见表4）。

青少年社会工作实务型人才培养模式研究

表4　职业胜任力模型下的社区青少年社会工作实践教学目标矩阵

社区青少年社会工作职业胜任力		课内实践					开放性实验项目			综融性实践		
		价值观实训	伦理抉择实训	社会政策分析	社会问题分析	服务设计	社区探访	需求评估	项目设计	校外专业实习	专业学生社团	学科竞赛
1. 价值观	1.1 社会主义核心价值观	✓	✓	✓	✓	✓	✓	✓	✓	✓	✓	✓
	1.2 社会工作价值观	✓	✓		✓	✓	✓	✓	✓	✓	✓	✓
	1.3 党管青少年	✓	✓		✓	✓	✓			✓	✓	✓
2. 工作理论	2.1 马克思主义等理论			✓	✓							
	2.2 社会工作专业理论			✓	✓	✓						
	2.3 心理学专业理论					✓						
	2.4 社会学专业理论					✓						
	2.5 管理学专业理论					✓						
	2.6 人与环境相关理论					✓						
	2.7 发展心理学理论					✓						
	2.8 教育学理论					✓						
	2.9 社区发展模式相关理论					✓					✓	
3. 岗位法规与政策	3.1 社会热点政策			✓	✓		✓			✓	✓	✓
	3.2 社会工作相关法规政策			✓	✓		✓			✓	✓	✓
	3.3 青年中长期发展规划			✓	✓		✓			✓	✓	✓
	3.4 社区发展相关政策			✓	✓		✓		✓	✓	✓	✓
	3.5 义务教育法等重点青少年群体保障法规政策			✓	✓		✓			✓	✓	✓
4. 岗位知识	4.1 优秀传统文化知识					✓	✓			✓	✓	✓
	4.2 创新发展知识					✓	✓			✓	✓	✓
	4.3 个案工作知识					✓						
	4.4 小组工作知识					✓						
	4.5 社区工作知识						✓					
	4.6 社会工作行政知识						✓					
	4.7 调查研究知识						✓					
	4.8 青少年流行文化知识						✓			✓	✓	✓

第三章　青少年社会工作实务型人才培养模式的建构实践

续表

社区青少年社会工作职业胜任力		课内实践					开放性实验项目			综融性实践		
		价值观实训	伦理抉择实训	社会政策分析	社会问题分析	服务设计	社区探访	需求评估	项目设计	校外专业实习	专业学生社团	学科竞赛
5. 岗位能力	5.1 写作能力	√	√	√	√	√	√	√	√			
	5.2 沟通能力	√	√	√	√	√	√	√	√	√		√
	5.3 基本行政能力									√		
	5.4 反思与改进能力					√	√			√		√
	5.5 创新发展能力					√						
	5.6 终身学习能力											
	5.7 知识迁移能力						√	√	√			
	5.8 洞察能力						√	√				
	5.9 共情能力						√	√				
	5.10 资源识别与整合能力					√	√	√				
	5.11 服务需求评估能力					√	√	√				
	5.12 服务设计能力											
	5.13 专业服务执行能力（个案、小组及社区的基本工作落实能力）									√		√
	5.14 成效评估能力					√		√				
	5.15 自我觉察能力	√	√	√	√	√	√	√	√	√		
	5.16 大型社区活动的组织与实施能力					√				√		√
	5.17 青少年服务创新能力（如历奇训练、音乐治疗、绘画治疗等）					√		√		√		√
	5.18 思想引领能力	√	√			√		√		√		√
	5.19 宣传能力（美篇、海报等的制作能力）										√	√

续表

社区青少年社会工作职业胜任力		课内实践					开放性实验项目			综融性实践		
		价值观实训	伦理抉择实训	社会政策分析	社会问题分析	服务设计	社区探访	需求评估	项目设计	校外专业实习	专业学生社团	学科竞赛
6. 职业驱动力	6.1 社会责任驱动力	√	√	√	√	√	√	√	√	√	√	√
	6.2 专业责任驱动力	√	√	√	√	√	√	√	√	√	√	√
	6.3 人群驱动力			√	√	√	√	√	√	√	√	√
	6.4 岗位驱动力											
7. 个人品质	7.1 开放	√	√				√	√	√	√	√	√
	7.2 责任											
	7.3 坚韧						√	√	√	√	√	√
	7.4 积极	√	√				√	√	√	√	√	√
	7.5 团队合作	√	√			√	√	√	√	√	√	√
	7.6 亲和力	√	√			√	√	√	√	√	√	√

在青少年社会工作实务型人才培养目标与职业胜任力实践教学目标落实的过程中，努力做到围绕培养目标来规划相关课程、组织针对性教学内容；通过培训、学习，让专业教师与学生理解培养目标，并在教学过程中通过多维评价方式来调控目标实现的过程、监测目标实现的程度。

二 以培养目标为引领，优化人才培养方案，调整完善课程体系

依据社会工作服务对应用型人才的需求，重构社会工作专业的课程体系，增减、开发实践课程与特色课程，对理论课程实现了最优化筛选，减少重复内容且对实践课程体系进行了针对性调整，实现了见习、并行实习、毕业实习的有序衔接。形成了理论课程与实践课程相支持、必修课程与选修课程相匹配的课程体系，做到能够根据实务型人才培养要求对课程内容进行优化整合。主要做法为：

第三章 青少年社会工作实务型人才培养模式的建构实践

（一）增大实践课程、课时比例

为保证实务能力训练有足够的课程时间保证，在修订社会工作专业人才培养方案过程中，不断增大实践课程、实践课时比例。2016版社会工作专业人才培养方案中，必修课中的实践课程达到36学分，占总学分的比例为23%，占总必修课程学分的比例为30%。学科基础课课时中，实践学时为64，占24%；专业核心课课时中，实践学时为128，占27%。在实践课程中，开设了"社会研究方法训练""社会统计软件应用""社会工作方法综合训练"等体现社会工作专业实务技能、技巧的课程。这些实务性课程都是青少年社会工作实务型人才培养与青少年社会工作服务所需的基础性实务课程。

（二）强化"青少年社会工作"课程为核心的省级精品课程群的建设，加强课程的延伸性建设

围绕"青少年社会工作"课程将个案社会工作、小组社会工作、社区社会工作、社会工作行政等方法课程统合成"青少年社会工作"课程群，形成社会工作专业方法课程与青少年社会工作专业特色课程的有机整合，凸显了青少年社会工作实务应用的课程特色与专业方向特色，并获评为省级社会工作精品课程群。在课程群建设过程中，以网瘾、留守、闲散等当前比较突出的"青少年社会问题"为核心，构建、设置青少年社会工作相关的专题课程、实践课程，如设置"历奇训练""社会工作前沿问题研究"等实务操作特点鲜明的专业前沿性课程。开设青少年社会工作方面的"开放性实验项目设计"课程，强化学生青少年社会工作综合性实务能力的训练。依据实务型人才培养需求对相关课程进行了整合与优化，如"个案社会工作"与"心理咨询"课程讲授内容的重组，"社会工作概论"与各专业课程之间边界的澄清，以挤掉水课，打造金课。

（三）开发适应现实服务与实务能力培养需要的实务型课程

针对社会工作服务发展的现实需要，开发了培养学生社会工作实操能力的课程。这些课程也是当前全国社会工作专业教育的前沿性课

程，如"志愿服务与管理""社会服务机构管理与运营""基层党团组织与社会工作""社会工作服务项目设计""社会工作文书写作"等。这些课程都是根据自办社会服务机构"济南山青社会工作服务中心""临沂山青社会工作服务中心"等有关青少年社会工作现实服务发展的新要求而设定的。这些课程具体有以下特点：

1. 现实性强。课程吸纳了青少年社会工作行业发展的最新成果，反映了青少年社会工作的新情况、新问题，以及当前一线青少年社会工作相关服务的现实需求。

2. 专题性强。课程内容紧扣现实青少年社会工作服务的某一方面，聚焦于解决社会工作实务中的相关问题，在具体教学过程中以专题的形式加以展开。

3. 实务性强。把相关实务技能的训练与相关理论知识的掌握作为课程的核心任务，目的是提高学生的实务能力。

4. 开放性强。这些课程的开设针对青少年社会工作服务的现实需求，具有面向现实、面向未来的开放性特征。

通过这些课程的开设进一步增强学生青少年社会工作的职业胜任力与就业时较强的工作适应性。由于这些课程的开设，使得整个社会工作人才培养方案中的课程体系更具有青少年社会工作实务的品质与特性，更能回应青少年社会工作服务的现实需求，体现实务型人才的培养导向与专业特色。

（四）专业实习与社会实践课程的进一步修订与完善

根据社会工作专业实务型人才培养的要求及人才能力提升的发展规律，对专业的实践教学体系进行了有机的构建与调整。社会实践Ⅰ安排在第3学期，时间为1周，主要是让学生进行专业认知实习；专业实习Ⅰ安排在第4学期，时间为5周；专业实习Ⅱ安排在第5学期，时间为5周，主要是让学生进入专业机构进行实习；社会实践Ⅱ安排在第5学期，时间为1周，主要活动是在专业实习基础上进一步反思、深化对专业服务活动的认识。毕业实习安排在第8学期，时间

第三章 青少年社会工作实务型人才培养模式的建构实践

为6周;毕业论文安排在第8学期,时间为8周。学生自愿或自主性的实践活动、第二课堂实践活动都不作专业统一性的要求,而是根据学生的自主性愿望与任课教师的具体要求而进行,以增强专业实践的弹性与效度。如此,学生专业实习课程时数不仅能够达到社会工作专业实习不少于800小时的标准,而且形成了学生日常性实践社会工作专业理论与方法的惯习,符合学以致用、知行合一的应用型人才培养的要求。

通过以上人才培养方案的修订和调整,社会工作专业课程体系的实践性特征明显加强,青少年社会工作实务型人才培养的目标更加突出,着重实务能力训练的人才培养任务得以强化。

第二节 分组教学模式的开展

课堂教学是教学工作的中心,是社会工作专业实务型人才培养最为基础与重要的平台。实务型人才培养应当使课堂教学克服传统的"我说你听"单向度传授式的弊端,最大限度地为学生实务能力的提高提供参与机会、场域空间,使课堂教学活动更能发挥学生主体作用。

传统社会工作专业课堂教学存在"单子式学习",即存在缺乏与同学交流互动、"静听式学习"的问题。"单子式学习"固然可以锻炼学生自我学习的能力,但是不利于学生之间的交流沟通、合作学习、团队建设;"静听式学习"固然容易使学生获得系统性的理论知识,但是不利于学生积极主动地锻炼思维与实践操作应用。可以说,传统课堂教学方式对于培养实务型人才的社会工作专业而言,是一种很大的束缚,而要想有效地摆脱这种束缚、消除传统课堂教学的弊端,必须从根本上打破"我讲你听"式的课堂教学组织形式,通过课堂之前的设计准备、教学组织方式的重构,为学生提供课堂上的实践场域、交流互动和展示锻炼的机会,实现师生、生生之间充分地交流互动,从而使学生的表达能力、沟通能力、合作能力、思维能力、理论应用能力等多样能力得以展现与锻炼。为此,我们选择了分组教学的方式作为打破传统课堂教学模式的突破口,较为有效地实现了课堂教学由单向度的授受静听式向多维互动的展现操作式的转变。

一 分组教学与青少年社会工作实务型人才培养的契合性

分组教学作为社会工作实务型人才培养模式的重要课堂教学路径的探索,是以任务为导向,通过教师指导学生以分组的方式参与课堂教学,旨在通过创设共同学习、合作交流的环境氛围增强学生的主体性,使学生打破单纯自我封闭式学习的惯性,摆脱囿于课堂与书本的静态化学习方式,结成互促共进的学习共同体。通过学习共同体的构建与合作,使得课堂教学中实务技能的操作、实践能力的锻炼真正成为现实。从模式的角度而言,分组教学是指针对社会工作专业课程教学,通过随机分组的形式,围绕小组任务与项目要求进行有效的分工合作,采用设计、创作、体验、共情、价值澄清、研讨等多种方式来最大程度发挥个体主体性和小组动力作用,促进学生社会工作相关素养与能力全面提升而制定的一整套教学结构程序与机制。与传统的同质性分组学习方式不同,本研究采用随机组建小组的方式,以增强学生与他人合作与交流的多样性,使学生得到更多的人际交往与团队合作的挑战与经验。值得注意的是,通过随机分组开展课堂教学活动的方式与社会工作现实服务尤其是小组工作专业方法应用之间有很大程度的相似性,可以增强师生专业实践的体验,同时也有利于课堂参与内生动力的形成,分组教学运用于社会工作课堂教学,对青少年社会工作实务型人才培养能够起到积极的推动作用。分组教学与社会工作实务型人才培养间的契合主要表现在以下方面:

(一)分组教学可以为社会工作实务的真操实练提供模拟场域

现实的社会工作服务是寓于一定的服务场景、问题情境当中的,是以社会工作者与服务对象及其他相关人员、组织间人际互动的形式展开的。社会工作服务的这种特性决定了实务技能的锻炼需要在一定的情境下、一定的人员当中才能够得以进行。传统的单向传递理论知识的教学方式，使得师生互动性不强，学生缺少充分、多元表现的机会，实务能力锻炼所需的课堂空间和场域严重受限。而在分组教学当中，一个小组就相当于一个小型的社会场域与情景，其中要求组内班内进行互动与交流，是一种动态性的学习状态，是一种个人与小组成员、其他小组、班级、教师等建构关系的互动过程。一般会通过设定具体社会服务问题，小组成员相应分配承担相关问题解决的任务进行服务方案的合作设计，或相应扮演服务对象、社会工作者等不同角色进行服务模拟，或从中生发相关社会政策、福利、伦理等问题而进行集体研讨。由是，课堂就形成了社会工作服务技能训练的模拟场。

（二）分组教学与社会工作实务型人才的能力培养的契合性

青少年社会工作实务型人才培养重在全面发展的基础上突出专业性、实践性、技能性、应用性。具体到能力构成来看，重在培养学生的共情能力、同感能力、交往能力、表达能力、合作能力、问题解决能力、进行专业伦理抉择的能力等。而这样的培养目标的实现，必然要依赖于针对性的教学模式与方法，分组教学即是如此。分组教学是一种体现合作、协作精神的教学模式与方法，通过分组、分工、协商、讨论等方式，调动每一名学生的学习积极性，保证他们参与学习与活动的机会，充分激发学生的学习潜能，提升课堂教学的效率，保证学生交往、表现、协商等多方面能力得到提升，合作、负责、尊重等素养得到培养；让学生能够形成从多种视角看待问题的能力，尤其是从他者角度考虑问题的能力，能够体验社会工作的专业要求，这对良好的社会工作同感能力、共情与接纳能力的培养，更好地体现社会工作的价值理念，更好地处理社会工作过程中价值伦理的冲突有着更为现实的教育效果。

（三）分组教学方式与社会工作小组工作方法的互促互建

小组工作方法是在社会工作者的指导协助下，通过小组成员之间有目的指向的互动互助，促进参加小组的个人获得行为的改变、社会功能的恢复和发展的工作方法。特别是在青少年社会工作服务中，小组工作的方法尤其受到青少年的喜爱，更容易被他们接受。掌握小组工作实务技能对做好青少年社会工作服务尤为重要。尽管作为专业服务方式的小组工作方法与作为教学活动的分组教学属于两种不同的活动领域与范畴，但是二者在原理机制、价值功效、开展方式等方面具有很大程度的相通性。在社会工作专业课程教学活动中实现分组教学和小组工作的结合，对分组教学来说，小组工作方法的运用可以使分组的形式在教学活动中得到深度、充分地展开，从而增强师生运用小组工作方法的体验、促进分组教学质量与水平的提高；对小组工作来说，可以使学生得到教师与同学的直接支持，得到更多的小组工作技能技巧运用的机会，提高对小组工作价值功能的认识，提升小组工作技能水平，为以后开展现实的青少年小组工作服务打下坚实的基础。

综上，分组教学契合了社会工作的专业特点，只要运用得当，就能够充分增强学生的课堂参与，使之具有模拟、演练、研讨等机会，可以发挥学生的主体性作用，有效地提高学生的实务能力，是社会工作专业教育教学的重要方式方法。

二 分组教学模式下青少年社会工作实务型人才培养的现实探索

基于分组教学活动与社会工作实务型人才培养间的契合性，社会工作专业大力推进分组教学改革，具体进行了以下方面的现实探索：

（一）以分组教学为抓手，建构了教学模拟服务社区

所谓教学模拟服务社区，是指以模拟解决社会服务问题，以教室、实验室的设施设备为平台，以开展分组教学为依托形式，以情景模拟、角色扮演、问题研讨等方式建构起来的、学生高度参与的课堂实践场域。简而言之，教学模拟服务社区就是把课堂打造成仿真的社区社会工作服务场所，把教学活动开展成模拟的社会服务活动。建设教学模拟服务社区，最基础性的条件是相关软硬件的建设。自2017

年以来，在山东省"十三五"高水平应用型社会工作专业（群）建设资金的支持下，社会工作专业实验室在原有基础上实现了升级打造，对个案工作室、个案观察室、小组工作室、小组观察室以及社会调查室等都进行了场地的优化升级，并在小组活动室特别设置了社区远程视像系统，可以让学生在教室内看到社区服务的场地和专业社会工作者的服务过程，增强学生的直观体验，有利于教师督导的直接切入，提升了校内模拟实践能力。通过购买社会工作案例库与自我创建的案例库，结合现代化的实验条件，实施实践与训练导向的教学方法改革，使得课堂教学很大程度上摆脱了传统口耳相传教学方式的束缚，实现了课堂、实验室内的现实社会工作服务的模拟演练。教室条件建设方面，安装摄像设备以供分组教学活动拍摄之用，购置不同颜色桌椅以供区分不同组别的分组之用。教学软件建设方面，与上海踏瑞计算机软件有限公司建设合作关系，从其购置了包括个案工作、小组工作、社区工作、社会工作实习管理、社会工作项目管理等社会工作系列教学软件，建设了高端、优质的软件平台，软件将真实的一线实务场景嵌入系统，结合真实场景拍摄和虚拟仿真技术，让学生在模拟实验时更具场景感和真实感。同时软件具有科学、便捷的分组功能，可以通过计算机、手机操作实现对学生教学活动的分组，大大提高了分组教学的效率。

基于以上软硬件打造的教学模拟服务社区平台，积极运用相关软件案例资料开展分组教学，进行社会工作服务模拟。课堂模拟社区情境下的分组教学活动，使学生社会工作服务的现实感、体验感大为增强，实现了由课堂感、学生感到服务对象感、社会工作者感、社区感的体验转换，学生在实务能力、技巧训练过程中更容易进入角色，且可以通过多种角色的转换，增强学生的角色体验，了解不同角色的定位与需求，提升学生的换位思考能力，从而增强现实之中的包容性与接纳能力，促进学生多维度思考问题、建构开放性思维的专业素养的形成。

(二) 广泛开展多种样式的分组教学活动

除了本研究团队成员，其他担任社会工作专业课程的教师均采用分组教学的方式，这种方式成为专业教研室教师结合自己课程的需要共同探讨与使用的方式。在专业实务方法课程"个案社会工作""小组社会工作""社区社会工作""社会工作行政"，专业理论与实务课程"社会工作概论""青少年社会工作""心理咨询与测量"，专业基础理论课程"社会学概论""人类行为与社会环境"等不同程度地运用分组的方式开展教学活动。具体分组的方式、内容丰富多样，主要包括以下形式：

1. 模拟演练式

主要是针对具体的社会工作方法技巧的一种现场模拟，如模拟社会工作者与服务对象的互动，如何建构专业关系，如第一次面谈；或针对不同问题的回应训练，让学生在了解普遍性要求的情况之下应对特殊性情况的变通方式；或针对一定情景的观察训练，增强学生的观察力与专业敏感度的训练，让学生体验一般性观察与专业性观察的不同，明确观察的一般性选择与专业性选择存在的难度与差别；或在一定情景中一定角色的模拟演练，让学生去体会一定角色的可能性表现，感受不同角色的心理变化，感受角色变化带来心理转化的难度，学会多个角度体会与思考问题，达到培养同感能力与共情能力的目的。

2. 主题或问题研讨式

主要是针对社会工作服务中一定的主题或者问题，小组成员根据教师提出的要求先课下准备相关材料，再进行组内的研究讨论。或者针对共同的主题与问题的分组研讨，通过小组成员的共同讨论与分析，在小组内先达成一定的共识性观点，再进行组与组之间的分享与交流；或者不同小组针对不同的主题与问题进行研讨，然后，不同小组再进行组间的交流、分享、答疑。一般就课程中的理论部分或者社会问题部分，尤其是社会工作理论与相关理论中的深度问题、热点问题开展研讨。这种方式锻炼了学生的专业理论应用能力，对社会问题的关注与正确辨析的能力，从而提高了学生的现实问题的识别能力与理论思辨能力。

3. 案例讨论与设计式

教师给出一定的案例并提出相应要求，小组成员根据教师的要求进行分工完成任务，通过组内研讨、合作完成，再进行小组与小组之间的分享与交流；或者针对案例中服务对象的问题、优势、原因与社会工作介入的策略进行多方面的分析，再通过小组与小组之间分享交流进一步澄清问题、明确归因、完善策略方式；或在前者的基础之上小组成员共同设计方案，通过班级内对小组方案可行性进行集体讨论与修订的方式，来进行社会工作实务方案设计的训练，这样可以达到集思广益、共同成长的结果。

4. 专题讲授式

教师根据课程目标与课程内容给出不同的专题，每小组负责一个专题，小组学生分工准备收集资料、集体研讨备课，做PPT，小组成员分段讲解，然后他组同学对该小组的内容质疑，该小组成员在回答问题的时候可以互相补充。即通过集体澄清的方式，让学生活学活用所学到的理论，从而能够更好地理解与掌握专题内容。

5. 阶段任务式

教师根据课程的内容与计划安排，对学生提出阶段任务，不同小组学生通过内部分工与合作的方式，共同完成阶段任务。显然阶段任务式要求学生更多地在课余时间进行合作与研讨，课堂只是研讨与合作成果的展示。该模式主要适用社会工作实务课程，如小组工作课程。

6. 分组调查式

教师根据社会工作专业学生的能力基础和教学目标要求提出调查任务，小组成员根据任务做好调查的准备，准备结构性调查问卷与半结构性访谈提纲，共同进行实地考察、问卷调查、访谈，集体完善调查报告，再进行交流分享。

在这些模式的运作过程中，学生主动表现、感悟体验，通过社会工作特性、实践特性强的分组教学方式，使学生较为充分地参与课堂教学活动，课堂教学活动场域被较好地创生和利用。

（三）构建了社会工作分组教学方式的策略体系

构建了准备、实施、评估三阶段为框架的"三定"（定目标、定程序、定小组）、"三步"（分解任务、分工实施、共同协作）、"三评"（个体评估、小组评估、整体评估）的分组教学方式。（见图5）

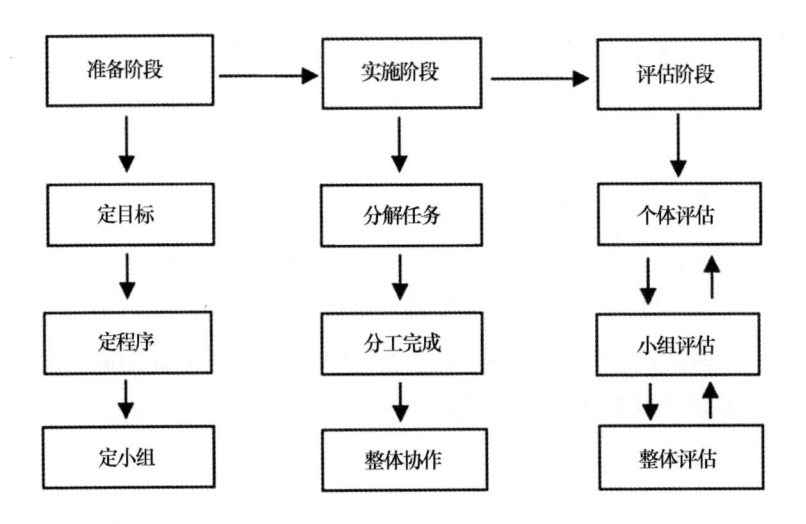

图5 分组教学实施示意图

1. 不同阶段的教学方式

将分组教学分为准备阶段、实施阶段与评价阶段，各阶段均有相应的要求。

（1）准备阶段的教学方式。这一阶段教师的主要工作是明确学习目标，确定教学程序，合理分组。学习目标具有定向、激励和评价的作用，它直接影响到学生学习的效果，所以这一阶段，要求教师一定要让学生充分认识与理解目标，要从课程内容、学生个体发展、小组任务等角度，去充分认知、分解、整合、协调学习目标。根据学习目标与任务，再进行教学程序上的设计与安排，尤其要注意小组集体活动和小组成员个体活动的衔接配合。然后，根据任务进行合理分组，确保小组成员在数量、人员任务上的合理性，要做到人人有任务、人人有分工。为更好地进入实施阶段，要求学生在准备阶段就要做些有针对性的准备工作，比如，小组活动所需材料的准备，相关资料的搜集、整理，前期调查、访谈的进行，角色扮演的前期排练等等。

（2）实施阶段的教学方式。实施阶段是分组教学的核心。社会工作专业课程分组教学的主要类型是实务性、任务型．这一阶段包括分解任务、分工完成、整体协作三部分。围绕任务的完成，主要工作有：小组具体分工，协同的操作、制作、展示；具体情境下的训练、扮演、表演、竞赛；围绕具体问题展开的协商、探究、争论。实务性任务小组的教学中，教师将任务分给不同的任务小组后，小组成员要通过相互协商的方式分解任务。分解任务的过程，实际上就是小组成员接受一定角色任务的过程，也是组内相互合作与分工的过程，存在着组内协调的问题；每个小组成员根据自己的任务去做相应的准备以完成任务，这是个人收集相关资料与运用所学知识理论的过程，也是主动学习的过程；然后，小组成员一起共同探讨、共同完成任务，这是组内进行更实质性的交流合作过程，也是组内成员相互学习与共同学习的过程，是不断达成共识的过程。这其中独立学习、小组学习、集体学习要有机结合，其具体比例根据实际任务灵活变化，但总体上以小组研讨等共同行动为主。

（3）评估阶段的教学方式。分组教学评价的对象，包括班级整体、各个小组、学生个人。以小组评估为主，渗透、体现整体评估和个人评估。主要是围绕核心任务完成情况，全面评判各个小组在学习态度、学习方法、学习能力、学习效果等方面的表现，同时结合小组内部分工情况，全员评价小组成员的表现，评价的过程贯穿完成任务的整个过程。概括而言，这是一种"一心三全"的评价模式，所谓

"一心"即以任务为核心，"三全"就是全面评价、全员评价、全程评价。

2. 分组教学的具体策略

根据三个阶段的不同特点与要求，探索并采取以下具体策略：

（1）程序设计策略。程序设计的操作分两步。第一步，模式主题设计，即依据不同课程的具体教学任务，分组教学分化出不同的主题类型，主要包括理论深化模式、技能训练模式、观察诊断模式、情感体验模式、价值澄清模式等。这种多元主题类型的划分，目的在于有针对性地落实教学任务、完成教学目标，体现分组教学"一体多用"的特点，展现教学方式上的灵活多样。第二步，具体程序步骤的设计。根据社会工作专业教学的特点、任务，依据模式划定的主题，构建灵活多样的程序步骤。

（2）合理构建小组的策略。合理组建学习小组是保证分组教学得以顺利进行的前提，分组要遵循"任务导向、服务训练"的原则，即分组时要根据具体的任务来确定小组人员的数量、角色分工等问题，保证社会工作技能、技巧训练的有效完成。一般提倡采取随机性分组方式，因为如果是学生自愿组合，他们总是会选择自己平时有更多交流与沟通的好朋友，会更加强化他们与相对不熟悉同学之间的边界。但是随机性分组方式会给每一个小组成员带来新的挑战，会面临去了解其他小组成员、去建立新的合作关系的机会与尝试，这样能够提高学生与他人建构合作关系的能力，提高人际交往与沟通能力，学会在新的小组中进行角色定位、发挥自己的优势。

分组过程中，要求小组长必须采取自主承担、轮流负责的形式，让每位同学都有当小组长的机会，获得作为小组负责人所特有的学习、指挥、管理的机会，学会如何协调与沟通，如何建立学习共同体，如何调动大家的积极性，如何面对与解决小组成员之间的矛盾，如何较为圆满地完成小组任务。

（3）小组组织管理的策略。在分组教学过程中，教师必须让学生明确他们所承担的个体角色与责任，明确小组不同角色的不同责任要求。当展示个性与团队任务、团队责任相矛盾的时候，必须要服从团队要求，即个人要明确自己的角色任务与必须要面对的协作关系，明确自己在团队中的角色要求。通过角色分工，才能保证学生在小组活动过程中能够尽可能地保持一定的角色意识，注意行使自己的角色权利与义务，才会相互配合、密切合作。同时学生通过体验式参与、行动、观察等方式来学习相应的组织与管理小组、建设与发展小组的技能技巧。如通过具体的小组形象设计增进团队成员的小组凝聚力、增强他们的归属感与责任感。通过对小组相关的元素，如小组名称、口号、标志和目标等进行一体化设计的手段，来提升小组成员的小组意识、小组责任、小组建设的技巧与能力，从而提升小组的凝聚力与向心力。

（4）提炼加工小组学习内容的策略。教师要充分准备分组教学的内容，在教学内容的选择、加工上要着重加强三个方面：

①加强教学内容设定的问题导向。即以问题为依托，组织各小组进行充分的探究、讨论，以深化、拓展对问题的认识。或者通过案例展示的方式抛出问题，或者通过对现实生活事件的梳理引出问题，等等。只要有问题，就能够更好地让学生针对问题去寻求认识、了解、分析、判断与解决的方法，做到有的放矢，同时也能强化学生的问题意识，形成问题分析与解决的思路与方法。

②加强教学内容设定的任务导向。根据一定的案例或情境，设定各个小组要完成的任务。要求各小组以任务为目标，组织小组成员分工合作，发挥集体协同力，在任务完成过程中锻炼学生的综合分析问题、解决问题以及项目设计、管理等方面的能力。

③加强教学内容设定的训练导向。无论是以问题为导向、还是以任务为导向，都是从不同的角度强化学生不同的专业能力，都是以问题解决、任务完成为根本性的要求。但是无论是问题解决策略与方式的形成，还是任务目标的实现，都与一定的方案及其处理原则、方式

密切相关，所以要求学生能够再现案例的问题，展现解决问题方法与可能的效果，即要求教师能够以训练为抓手，组织小组成员相互扮演、展示、观摩，以保证扎实牢固地掌握社会工作的技能、技巧。

（5）积极互动的多向支持策略。教师不仅要积极与各个小组、学生互动，通过言语、表情、动作等方式给以提示、说明、暗示、启发、鼓励、示范，为学生们提供相应的心理支持与专业支持，而且要进一步促动小组间、小组成员间的互动与支持，这对培养学生的小组凝聚力、团队精神、合作意识、同理心等具有重要作用。在具体策略上，教师要把互动支持作为考核小组及其成员表现的重要内容，制定具体的评价指标，如整体表现程度的赋分，包括相互合作与支持的程度；在教学程序中，设计固定的互动支持环节；在任务设计中，积极纳入互动支持性的内容与材料；在教学过程中，结合社会工作服务所要求的同理心、支持性技巧等专业内容，进行有针对性的合作互动、交流支持的专项训练。

（6）激发动力的多元评价策略。分组教学改变了传统的教学方式，也打破了传统单一的纸笔测验的考试考查方式，注重过程性评价，注重分组所承担的任务、角色表现、相互配合的综合性评价，通过任务书、案例分析、策划方案、角色扮演、问题解决等不同角度层次的任务和项目的完成来考查学生多方面的素养与能力，这就要求教师要以此为基础，建立起不同小组及其成员的表现和成长档案，同时要求以评价为导向，进一步强化分组教学的实际效果，真正实行多元主体评价的有机结合。多元评价主体包括教师、小组、每一个学生；而评价的方式分为小组之间的互评与自评、小组成员的互评与自评、教师与班级整体性的评价、课程不同阶段的过程性评价、具体小组活动的评价等，这样既可以培养评价者的反思、批判能力，也使被评价者获得了多样的可以参照与比较的评价信息。所有这些策略，都旨在将评价作为教学过程本身自我调节与考量的工具，通过多样方式，充分发挥评价在教育、督促、发展方面的作用，促进以实际能力为导向的共同学习模式的形成，以及不断行动、不断反思的行动研究意识与能力的培养。

通过六种策略的运用，社会工作分组教学的可操作性明显加强，其实施机制变得更加科学，理论学习与实践运用实现了有机结合，强化了学生参与课堂的责任意识，有效地落实了教学任务，提高了学生的理论应用能力，锻炼了学生的实务能力，课堂教学的实践性明显增强，课程教学的效果得以提升。

（四）利用分组教学模式，积极推进教学方式与学习方式的创新变革

当前，随着互联网信息技术的快速发展，利用信息技术开展翻转课堂、混合教学、网络教学等方式，成为高校课程教学改革的创新热点。我们借助于信息技术进一步强化分组模式，形成混合式分组教学模式。

一方面，以分组的方式组建学习团队，使学生在线上、线下学习过程中能够做到相互合作与竞争、相互支持督促，使得学生在混合教学中的自主学习得到较为有效地落实，较好地解决了学生在现有网络技术条件下学习积极性与主动性激发这一核心问题，避免了线上学习流于形式、线下学习准备不足的易发问题。

另一方面，通过分组教学模式的运用，不断强化学生的团队意识、合作精神，形成了分组教学的课外延伸。学生自觉组建团队参加社会实践活动，申报与研究服务项目逐步成为社会工作专业学生的学习风气，实现了由"单子式学习"向"团队式学习"的转变，由被动式学习向主动式学习的转变，由课内书本学习到课外社会服务学习的转变。

三 分组教学模式下社会工作实务型人才培养的具体成效

分组教学的开展，取得了很好的教学效果，其成效主要体现在学生一般能力与专业能力的提升。

（一）一般能力的提升

所谓的一般能力就是具有普遍性的能力，是与他人交往沟通所需

要的基本性能力，是所有的专业学习都会促进学生提高的普遍性能力。通过分组教学使得学生的一般能力得到了较大的提高，主要表现为：

1. 课堂参与能力

分组教学过程中，学生的课堂参与因任务导向、过程考核、多元评价的要求，出现了以下情况：开始在任务要求下的不得不参与，到后来的主动参与；开始只是少数学生干部的主动参与，到后来平时内向、不好表现的学生的积极参与。即形成了学生从被动参与到主动参与的转变，参与能力明显提高。

2. 语言表达能力

沟通、表达是分组教学中学生必须去完成的任务。在分组合作的过程中，学生需要进行协作与沟通，在分享与应对提问的过程中，他们要能够分享、澄清、表达观点，进行语言交流、观点碰撞、互动共享。不少同学实现了从不敢在众人面前讲话，到主动表达自己观点看法的转变；从不能准确表达自己内心的想法，到能够恰当地、准确地选择语言表达的转变；从对模糊语言的被动式主观理解，到主动澄清的客观性理解的转变。即语言表达由不准确、不清晰到准确、清晰的转变，由不自信表达到自信表达的转变。

3. 人际沟通能力

分组学习过程中，如何与别人合作、如何寻求组内的共识、如何处理组内的分歧达成组内和谐，从而团结协作共同出色地完成任务，这是每一个学生都要考虑与面对的现实问题。这无形中建构了他们求同存异的合作策略，形成了说服对方、强化自我观点的能力，不同程度地掌握了与他人沟通与合作的技巧与方式。即人际矛盾调处的能力、同理共情的能力、建构合作关系的能力皆得以锻炼与提升。

4. 客观认知自我和他人的能力

分组教学要求有较强的小组合作意识与精神。小组成员的分工与合作成功的前提，就是要对小组中的他人与自己有着较为客观地认识与了解，了解不同人的不同特点与各自的优势，来形成小组成员的优势互补、合理分工、协同创新。小组任务完成因为有时间的限制，这就决定了小组成员要在较短的时间内形成较为合理的分工、相互协调配合才能完成任务，无形之中学生的团队合作意识得到强化，学生认知他人和自我的能力得以提升。

在一般能力提升方面，不少学生都有自己的感悟，其中有学生谈道：

> 我不是学生干部，我也从来没有在大庭广众说话的机会，尽管是男孩子，但是在众人面前说话自己感觉是难以想象的。开始老师采取分组教学的方式，感觉真的很不好，怎么这么多事儿啊？老师你讲不就行了吗？内心有种抵触情绪，但既然要求了就得做啊，尽管有很多的不情愿，但现在还真得感谢这种教学方式。分组教学让我不得不在大家面前讲话，而且不仅要说话，还要通过说话去吸引别人，争取别人的认同与合作。以前有人说我腼腆得像女孩子，听了这话我都想急，我要感谢分组教学的方式让我得到了锻炼和提高，现在他们谁还会再说我像个女孩子一样的腼腆？我之前就是缺乏锻炼的机会，现在如果再竞选学生干部，我就有信心与勇气去争取，我也相信自己的能力，因为分组教学把我的潜能给挖掘出来了。

(二) 专业能力的提升

所谓的专业能力，是指学生通过学习达到一定专业所要求的能力，在此是指学生所达到的社会工作专业所要求的能力，大致可以分为社会工作专业理论能力与实务能力，但是具体来讲就是专业实务能力。因为专业理论能力是运用专业理论分析、判断实际问题的能力，实务能力是针对一定的现实问题开展社会工作服务的能力，所以社会工作专业理论能力是形成实务能力的基础与前提。在具体问题解决时，理论能力与实务能力有机交融在一起，构成社会工作者解决现实问题的专业能力，即社会工作服务就是专业理论能力与实务能力在具体的专业实践中的具体应用。通过分组教学，使得学生的专业能力尤其是专业实务能力得到了较大的锻炼与提高。具体主要表现在：

1. 活动策划能力

活动策划能力包括：问题与政策的分析把握能力、社会工作方法应用的能力、社会工作资源整合的能力等。尤其是在社会工作专业实务类课程中，分组教学要求学生能够根据一定的案例与现实情境的具体要求进行活动的筹划与服务方案的制定，并要求这些活动方案与服务方案要具有现实的可行性。从活动的设想、策划到方案的形成，从对教师给定案例的分析与评估到综合性介入方案的制定，需要学生能够结合实际与案例，敏感、准确地把握服务对象的处境、需要、特征，运用所学的专业理论与知识，根据方案制定的基本要求来进行方案设计。这种训练使学生掌握了基本的活动策划原理与规律，形成了进行活动策划的能力。

2. 小组工作能力

小组工作能力包括：较强的协调沟通能力、矛盾冲突调解处理能力、语言表达能力、组织管理能力等。通过分组教学的训练，学生较为熟练地掌握了合理构建小组的策略、小组任务分配的策略、小组管理的策略，尤其是小组内部矛盾调处策略、小组结果评价的策略。这些有关分组活动开展的相关策略是学生通过体验、实践、观察等身体力行地参与小组活动而得以掌握的方法与技巧，因此，能够较好地内化于学生的自我认知体系之中，外化为学生的专业实务能力与行动，从而有效地掌握小组工作开展的方法与技巧，提高小组工作的专业能力。

3. 团队建设能力

团队建设不只是小组活动开展得以有效完成任务的核心内容，而且也是社会工作机构运作、发展的重要工作内容。团队建设能力包括团队角色辨识能力、团队沟通与合作能力、团队与自我认知能力、经验与知识共享能力等。在分组教学中，每一个小组即是一个学习团队，也类似是一个微型的社会工作机构。为了本组能够在学业表现方面获得好的成绩与评价，组员会为增强本组的团队凝聚力、提高本组的学习效率、促进组内同学间的交流与合作做出努力，这样的表现其实就是团队建设的真实写照。通过分组教学，学生的团队感、集体感、融入感明显增强，与同学之间的团结协作、共同分享的意识明显提升，角色意识与角色边界得以澄清，极大提高了团队建设能力。

在团队建设能力提升方面，不少同学都有自己的感悟，其中有学生谈道：

> 分组教学是我们以前没有见过的教学方式，过去我们在中学时只是偶尔进行小组讨论，基本上很少有人说话或者就是一起打闹，谁还讨论什么问题，到时组长自己说就行了。以前从来没有觉得上课是这么需要动脑子的事情，只是老师讲自己做好笔记就可以了，只要考试前认真复习拿个好成绩是不成问题的。但是分组教学让我感到了从来都没有的压力，尤其是"小组工作"这门课，我课下跑了好多次图书馆、资料室，还有网吧。我自己觉得准备得没法再充分了，可是到实际操作时就发现有很多情况是自己事先根本没有考虑到的，往往是手忙脚乱的，而且一个小小的细节处理得不好，可能就产生不了好的效果……分组教学的方式让我们得到了锻炼，这种锻炼是以前所没有的，让我们学会了思考，学会了如何应付突发的情况，让我们学会了如何与别人合作，让我们感受到了大家在一起的力量。

总之，分组教学方式较大程度地提高了学生的课堂参与率，增强了学生主动运用所学理论知识的积极性与频度，加强了小组内部成员间、小组与小组之间的良性互动，小组与班级同学、老师之间的良性互动，使得学生成为课堂的主体，其主体性得以彰显。与以往传统教学的教学内容与方式基本固定不变不同，分组教学是在动态的过程之中进行，学生所学的专业理论知识与方法不断地被应用或重构，需要师生不断地解决小组活动过程之中遇到的所有现实问题。所以，一次分组教学的过程，就是教师与学生自我成长与共同成长的过程，不仅专业能力得以提升，而且综合素质也得到了培养。

第三节　校园实践模式的实施

　　以分组教学为引领的课堂教学模式改革，学生青少年社会工作实务素养能力的训练得以加强，学生的实务意识与能力都有较大程度的提升，但是分组教学也有其局限性和不全面性，单靠分组教学的课堂教学模式变革还远远不能实现青少年社会工作实务型人才的全面、深度培养，为此，我们在分组教学的同时又进一步将教学改革由课堂向课外延伸，把学生课余学校生活社区作为训练学生实务型素养的有机场域，设计了校园实践模式，构建学生成长服务社区，强化校内社会工作专业的实习、实践，着力强化学生社会工作理论与方法的日常化应用，即学生在校园社区日常的学习、生活过程中主动应用社会工作的理论与方法，从而潜移默化地加深对社会工作专业价值理念、理论和方法的认识、理解、反思、运用，形成专业素养培育的惯习化，从而使得实务型素养有效地得以内化。

　　校园实践模式是指把校园作为青少年社会工作实务型人才训练的重要场域，发挥其作为大学生发展成长的生态系统作用，指导与激励学生将课堂、课本学习到的社会工作专业理论知识在校园生活中有机运用，积极在日常学习、生活事件中融入社会工作知识元素，实现社会工作反思意识下的自我服务与自我成长；将社会工作理论知识运用于其他大学生学习、生活等问题的解决，实现朋辈教育的社会工作服务化。

第三章 青少年社会工作实务型人才培养模式的建构实践

学生成长服务社区是从社会工作视角理解与审视大学校园的学生生活，是按照社会工作服务模式指导学生在校园开展社会工作专业活动而建设的服务场域。在这一服务场域中，社会工作专业学生是"校园社工"的角色，身边的同学、朋友、舍友等不同个体、群体是"服务对象"或"潜在服务对象"，"服务对象"校园学习、生活中所遇到的学业、就业、交往、择友等问题成为开展社会工作服务的重要内容。

专业惯习是社会工作专业学生在开展社会工作服务与自我服务的过程之中养成的自觉的、稳定的、习惯化的专业素质，其本身既包括深度内化成为学生自觉意识的专业化思想、态度、价值观念，也包括通过长期应用与训练后形成的自动化社会工作服务技能技巧。专业惯习是青少年社会工作实务型人才素养的核心部分，经常性、生活化的校园实践服务活动对促进学生社会工作专业惯习的养成具有重要作用。

一 校园实践模式在青少年实务型人才培养中的作用

开展校园实践模式，既是高校教育教学活动的育人规律使然，也是青少年社会工作实务型人才培养的必然要求，更是社会工作专业学生自我成长的必需。这一模式将社会工作服务与大学校园生活有机结合，使学生能够学以致用，将学与用、知与行有机地结合起来，使专业价值理论与方法的应用成为学习与生活的有机组成部分，从而养成自觉的专业惯习。

（一）促进专业理论与专业实务的有机融合

通过课堂模拟服务社区的打造，借助分组教学的模式，的确给学生实务素质培养、实务能力训练提供了好的平台。分组教学模式的主要优势在于对学生组织管理能力、分工协作能力、语言表达能力等一般能力的训练具有很大的强化功能，在专业实务能力训练方面尽管能够较为全面涉及，但是训练的强度、深度、成效方面并不尽如人意。

其原因在于实务训练的内容、场景很大程度上具有虚拟性，这样的训练实质上是一种专业模拟或者说是专业表演，学生缺少真正现实问题解决过程中的切身感受，通过模拟表演训练出来的实务技能、技巧，存在一定的刻板性、不成熟性，缺少根据具体服务问题、情境而灵活运用、变通，也缺乏实际效果的现实反馈。概括而言，模拟实务训练很大程度上具有理论化色彩、程式化套路，是一种"半截子"式的训练。这并不是否定课堂实务模拟教学在专业能力训练方面的价值作用，而是强调单靠课堂模拟训练还不足以达到很好地提升学生实务能力的目的，其只是实务能力训练的初始阶段与形式。

开展校园实践模式，就是在分组教学、课堂模拟的基础上把青少年社会工作实务素养与能力的培养训练进一步延展，形成生活化、日常性的应用与训练场域。校园实践模式实施过程中，学生将课堂所学到的专业理论知识、通过课堂模拟掌握的社会工作服务技能技巧近距离地运用于校园生活社区，帮助自己和朋辈去应对和解决发展成长过程中所遇到的现实问题。这些问题就发生在学生的身边，他们会有切实的感受，所以在用专业理论与方法去解决问题的时候，学生的专业表现就自然由课堂技能技巧的相对简单化、一般化、流程化转变为针对性、具体性、灵活性的现实应对。在这样的转化过程中，学生所掌握的社会工作专业理论、方法与生活实践进行了有机结合，社会工作专业课程的课堂模拟社区和校园生活社区形成了双向联动，从而可以使社会工作专业学生的实务能力训练得以日常化、普遍化。

（二）促进学生专业实务素养培养的惯习化

"惯习"是法国社会学家布迪厄在其"实践社会学"理论中提出的一个术语，我们将之引用到社会工作实务素养培育之中，认为社会工作专业素养的形成是一个日常性、发展性的过程，社会工作专业学生只有通过积极地日用常行，才能将所学到的社会工作专业理论与方法潜移默化、自然而然地形成自身一种自觉践行、展现专业素养的性情及行为系统，即专业素养惯习。只有达到惯习的程度，专业素养在社会工作者身上的存在才是内化的、稳固的、持久的,即习惯成自然,形成一种高度自觉的状态,无须特别强调也会自觉地持守与实践的无意识状态。

从社会工作专业教育角度而言,实务素质的培养过程也是一个形成专业惯习的过程。以社会工作实务素养中重要的专业价值观教育为例,专业价值观的教育需要进行专门的课程教授这种显性的教育方式,让学生了解专业价值观的内容、重要性、价值冲突的必然性,掌握现实操作过程中应该遵循的最基本的伦理规范与原则,但更需要在平时的生活与学习过程中的隐性教育方式,即专业价值观教育与日常生活实践的密切结合,通过日常性养成的方式,形成以专业价值观去进行思考、反思的专业惯习①。从专业惯习培养的具体过程形式而言,除了在专业化服务过程中培养以外,个人日常生活中的养成尤为重要。因为社会工作是服务人、同人打交道的专业,个人对待自己、他人的态度行为与专业态度行为之间具有迁移的特性,个人为人处世的态度、方式会对专业服务的态度与方式有着直接的影响作用,所以在个人日常生活中学会从专业的角度来建构人际关系,这是将社会工作专业价值、理论与方法得以日常性内化与外化的有效手段,这既是青少年社会工作实务型人才培养的必须,也是实务型人才培养的必然。通过构建校园生活服务社区开展专业实践服务,要求在学生的日常学习、生活中有机地渗透社会工作元素,使学生于潜移默化之中学习换位思考的视角转换、同感共情的同理心、求同存异的包容心等社会工作专业意识与素质,养成专业惯习,从而有效发挥课余生活即第二课堂的隐性专业教育作用。

(三)促进学生社会工作实务能力的训练、提升

大学生是重要的青少年群体,是开展高校社会工作服务的主要对象。开展校园专业实践服务是高校社会工作的具体体现。通过争取学

---

① 王玉香:《社会工作专业价值观教育存在的问题与应对》,《山东青年政治学院学报》2017年第5期。

校领导的支持,依托社会工作专业师生成立了"新青年"高校社会工作服务项目,使得社会工作专业的学生不用走出校门就可以拥有现成的社会工作专业实践场域,尤其是新生大学适应性小组活动的开展,社会工作专业的学生成为小组活动的组织者与主要参与者,使得他们得到了普遍性的锻炼。"新青年"高校社会工作项目建构了以社会工作专业学生为核心的志愿服务团队,让他们参与校园社区探访、大学生群体需求及问题的调查与评估;个案工作、小组工作、社区工作等专业化服务活动的开展,使社会工作专业学生对大学生这一重要青少年群体的特点与需求有了更为全面、深度地了解,不仅增强了自我认知,而且增强了他们对其他大学生思想观念、情感态度、行为举止等方面的同理心,能够更为有效地寻求解决大学生现实问题、满足其发展需求的路径与办法,从而全方位锻炼学生高校社会工作服务的实务素养与能力。而该方面的实务素养又可以通过迁移,在其他类型学校与社会工作服务机构所从事的青少年社会工作服务项目中产生良好的借鉴作用。所以,利用校园生活社区而开展的专业实践,具有培养社会工作专业学生青少年社会工作实务素养与能力的独特价值。

二 校园实践模式下青少年社会工作实务型人才培养的现实探索

基于社会工作专业惯习培养的理念与要求,依托"新青年"高校社会工作服务项目,构建校园生活服务社区,开展了多样化专业服务活动,密切了专业教学与学生工作、共青团工作的关系,使课外活动专业化,切实发挥社会工作专业教师在学生专业素养能力培育方面的主导示范作用,积极强化学生专业实务能力的训练与专业惯习的养成。

(一)依托"新青年"高校社会工作服务项目,构建校园多元立体化服务网络

在学校领导的支持下,依托社会工作专业的师资力量,于2015年成立"新青年"高校社会工作服务项目(以下简称"新青年"项

目），成立了专门的"新青年"项目领导小组，组长由学校分管学生工作的副校长担任，确定了直接的主管部门为学生工作处，确定了依托的专业力量为政治与公共管理学院社会工作专业师生，主要的服务对象为辅导员、大学生。对辅导员的服务主要是普及社会工作专业价值理念、理论与方法，提升他们服务学生的专业方法与意识，从而有效地配合学校社会工作者更好地服务于学生。针对大学生群体的服务，主要是提高他们适应大学生活、能够很好地进行生涯规划、把握不同时段自我发展任务等能力，形成同学之间交互帮助的良性支持系统。"新青年"项目旨在发挥社会工作专业力量优势，创新大学生思想政治教育范式，提高学生自我教育与相互影响的能力与作用，发挥社会工作服务大学生的隐性思想政治教育作用。以此为契机，大力强化社会工作专业学生在校园生活社区中的专业社会工作实践活动，提高他们的专业实务素养与能力。

在"新青年"项目中，社会工作专业的学生既是项目的服务对象，又是主要参与者、工作者。从学生作为服务对象角度而言，"新青年"项目根据学生学业成长、专业惯习养成的生活性与长期性的规律特点，根据学生学段、学情设计相应的活动模块，构建纵横交错、全方位立体服务体系，并在服务过程中兼顾学生群体的共性发展和个体的个别化差异性成长，形成普适性服务方案与特殊性个案管理相结合的工作设计，构建多个横向服务内容贯穿其中的完整的高校社会工作服务体系，针对性地促进学生学业成长和专业能力的提升。从学生作为参与者、工作者角度而言，"新青年"项目为社会工作专业的学生提供了大量的日常化、经常性的专业实习、实践机会，学生作为志愿者、项目实习生的角色参与到"新青年"项目所开展的各种活动当中去，在服务解决大学生个体、群体问题的过程中强化自己的青少年社会工作实务能力。具体来说，"新青年"项目主要通过以下服务助力青少年社会工作实务型人才培养。

1. 构建纵向学业生涯发展模块，回应学生阶段性发展需要

将学生的学业发展划分为"新生适应期""校园成长期""毕业展翅期"三个阶段，每个阶段配有针对性的专门活动。

（1）新生适应期。根据学生刚刚入校的心理特点，首先开展适应性服务以引导学生尽快融入大学生活。通过综合能力评估的方式全方位地了解学生个别化的需求与特点，为后续的个别化指引服务提供基础信息。此外，通过宿舍与班级两个层面开展融入性服务，在融入过程中，引导学生与外界形成良性互动关系，建构初步的宿舍与班级支持系统，为建立良好的专业学习品质奠定基础。"新生适应期"的针对性活动主要包括综合能力评估、探索山青等。

（2）校园成长期。以学生生活社区为服务平台，全方位开展校园内外志愿服务和社会实践活动，将社会工作专业学生变为服务设计与参与服务的主体，通过自主参与、体验服务过程中的成长，以实践强化他们学习专业价值、理论与方法的主动性，提升他们的专业实务能力，并促使他们在行动中内化核心价值观、道德规范，建立正向的世界观、人生观与价值观。"校园成长期"的针对性活动主要包括创意宿舍行动、实践真知营、山青代言人等。

（3）毕业展翅期。以"走向社会"为工作核心，针对学生考研与就业的实际需求提供普遍性与个别化的服务。个别化服务主要以减压、心理辅导为主。在舒缓学生离校压力的同时，引导学生回顾在校成长过程中的能力发展与价值观内化，感受自我成长与能力提升所带来的变化，增强自信，为未来的职业发展做好心理与能力准备。"毕业展翅期"的针对性活动主要包括山青青春起航、考研同行计划、求职训练营、未来职业生涯规划等。

2. 构建专业思想教育活动模块，培植学生专业心向

结合社会工作专业学生的专业学习需要，积极将社会工作专业人才培养与学校思想政治教育工作相结合，打造了"谋业、择业、创业、就业"的专业思想教育活动模块，从而使学生有目标、有计划地

开展专业学习与实务训练，更精准清晰地定位自己学业发展的目标，在学生社会工作专业价值观、热爱本专业与从事本专业的心向形成方面产生了重要影响。主要做法如下：

（1）增强专业认知与学风建设，促使做好学生学业、专业发展谋划

新生入学之初，积极开展"走好大学生活第一步"主题系列活动，让学生能够清晰认识与理解自己所学的专业，在参与活动时增强接受社会工作专业服务的体验，能够尽快适应高校学习生活，为学生及时地确立学业与职业目标提供具体的指导与支持。"走好大学生活第一步"是山东青年政治学院政治与公共管理学院传统的新生教育活动品牌，内容包括新生入学专业教育、新老生交流、党员发展程序展示、团员意识培养、校情校史学习等活动，为学院良好学风的形成打好基础。从第一学期开始，就狠抓学风建设，开展"青春政好，我为先锋"学风建设系列活动，并在期末开展"雏鹰起飞，政管圆梦"新生风采展暨颁奖典礼晚会活动，以便引导、激励学生在学业、专业、职业选择方面进一步明确方向与目标。学风建设活动针对性强、内容丰富多彩，包括扎实开展基层动态调研、"筑梦路上，你我同行"奖学金获奖学生系列分享会、"头脑风暴大作战"学科知识竞赛、"我为学霸代言"学霸宿舍大揭秘、"同行学长团"朋辈学业互助活动等。

（2）加强指导交流，促进学生明确学业、专业发展的抉择与定位

通过学长同行的方式，举办专业课程学习经验交流会、社会工作专业实习服务交流分享会、暑期社会实践项目成果交流会、志愿服务项目交流会、考研交流会等常规性的活动，引导社会工作专业学生深化对学业、专业的认识，进一步增强专业认同感，尤其是使学生认识到结合自身优势特长对专业学习方式进行合理选择的重要性，其可以对自己的专业才能发展进行适切定位，对专业旨趣进行积极的培育。通过学长同行等方式构建了社会工作专业高年级学生带动低年级学生

的良好机制，形成良好的学生支持系统与专业学习氛围。

（3）积极鼓励学生开展创新创业活动，着重培养学生的创业意识与创业精神

积极支持学生开展创新创业活动，鼓励学生积极申报各级各类社会工作服务项目，参加寒暑假社会实践活动，自觉主动寻求创业机会与岗位。为此，社会工作专业教师形成了学生创新创业项目申报指导机制，并将创新创业成绩纳入学生的综合考评指标体系；鼓励在校学生王××在济南市社会组织管理局注册了济南靖艳社会工作服务中心，积极尝试公益创业。鼓励与支持"晨之曦"社会工作协会等学生社团申报全国性针对大学生群体服务的防艾、禁毒等项目、参加国家及省级大学生创新创业大赛、志愿服务大赛、中国社会工作教育协会大学生论坛征文，使学生获得更多的锻炼与成长的机会、更多体验专业创新的机会，增强学生的专业自信与热爱专业的心向。同时，让学生到自办的社会服务机构实习或顶岗实习，增强他们从事专业社会工作服务的体验；让那些从事社会工作专业服务的学生分享自己的工作经验，提升他们对社会工作专业的认同，提升他们的专业创新意识与精神。

（4）细化就业指导工作，帮助学生树立基层锻炼、岗位成才的良好意识

通过就业意向调查、就业岗位推荐、优秀毕业生分享会等方式，促进社会工作专业学生转变等靠要、眼高手低等不正确的就业思想，引导学生选择自己所学的专业领域就业、深入基层就业建功。例如，举办"创路有你，如沐清风"就业创业经验分享交流会，邀请2008级社会工作专业优秀毕业生、现任普惠社会工作服务中心执行主任与学生对话交流，学生反响强烈。带领学生对济南市大学生创业孵化中心进行参观调研，了解创孵中心的企业入驻条件、入驻程序、企业管理规定等相关条例规定。通过参观大学生优秀创业项目与经验交流分享等方式为社会工作专业学生提供了"零距离接触社会"的机会。

引入校外资源介入社会工作专业学生的创业教育,如邀请威海助力社会工作服务中心理事长、青岛你我社会工作服务中心理事长等为学生作公益创业报告,邀请优秀校友某集团董事长为大家分享自己的成长奋斗经历等,引导学生树立正确的就业观念。

支持社会工作专业学生进行就业意向调研,让他们了解目前大学生有关就业的期望、观念、选择,学会从学理与现实的角度进行相应的分析,实际上研究的过程也正是自我进行职业教育的过程。就业意向调研主要围绕大学生的专业认同感、教师资格证书的考取、社会工作职业资格证书的考取、西部志愿服务工作意向、毕业就业规划和择业观等内容展开,结合访谈等最终形成学生就业意向研究报告。这些调研活动对帮助社会工作专业学生提高自身综合素质与就业本领、正确认识就业前景、树立恰当合理的就业期望、转变就业观念具有积极作用。

3. 为社会工作专业学生创造实务服务机会,增强学生青少年社会工作服务能力

"新青年"项目开启以来,大量的社会工作专业学生参与到项目运作之中。针对重点学生的个案管理服务,社会工作专业学生协助社会工作专业教师、项目社会工作者、心理咨询教师,在学业预警、人际关系不良、生涯规划盲目、行为异常等大学生专业化个案辅导方面做了大量辅助性的工作,与辅导员、班主任、学校心理咨询教师等教育服务力量一起为"高风险"学生提供综合成长服务。在小组工作服务开展过程中,社会工作专业学生积极参与、设计与实施新生适应小组活动,他们成为小组活动开展的指导者、组织者与观察者,成为学生服务团队中的核心力量。除此之外,考研学习心理减压小组、班干部素质提升小组等较为专业化的小组活动也是以社会工作专业教师、项目社会工作者为指导,社会工作专业学生为主体开展的;在班集体建设、学生社团发展等方面,社会工作专业学生利用社会工作的理论与方法尤其是小组工作原理、技巧开展丰富多彩的团建活动。在

社区工作实施过程中,以学生社团与社会工作专业学生为骨干,基于社会工作服务进校园、进学院、进班级、进宿舍的安排要求,开展不同层级、不同类型的"校园微观社区"服务活动,助力良好校风、院风、班风、舍风的形成。社会工作专业的学生通过参与这些服务活动,提高了策划项目的能力,开展个案辅导、小组活动与社区活动的能力。

(二)教师积极示范,促进学生于日常生活中养成专业惯习

在校园实践模式开展中,教师既是学生开展专业活动的主导者,又是校园生活服务社区的一员,其指导作用的发挥直接决定了校园实践模式实施的效果,其专业惯习状况会直接影响学生对待专业的态度与专业惯习的养成。在教育教学管理与教学改革中,我们引导专业教师认识到自身的专业情感、能力对学生的示范与指导作用,要求他们在平时的教育教学工作、校园活动、交往过程中积极做有社会工作情怀、社会工作味道、社会工作气息的教师;要求他们能够在生活中有意识地培养自己的专业素质,提高自己的专业敏感性,形成专业反思的惯习,不断进行自我省察与反思,保持社会工作的专业觉醒,以专业价值观为导引来形成对现实问题的认识与理解,从专业理论、方法的角度尝试去解决身边发生的问题;在日常生活中明确自己的多样角色定位,能够把握好不同的角色要求,有效地厘清与学生、同事、朋友之间的角色关系,按照不同角色的要求履行角色责任与义务;能够多角度地看待问题,经常真实地换位思考,而不是简单地只是从自我出发。概括而言,教师要明确自己的社会工作教师的角色定位,不仅要在课堂教学过程中教授传递给学生社会工作专业理念、理论与方法,而且还要以务实的精神与切实的专业意识与行为,为学生做出日常性的榜样示范,产生应有的专业感召力,即通过不断的专业训练与自我反思,专业教师在学生心目中的专业权威性会不断增强,从而潜移默化地促进学生养成建构专业关系、主动提升自我的实务能力。

社会工作专业课教师与学业导师以显性化的方式为学生开展校内

专业实践活动提供指导支持。专业课教师通过布置作业的方式将课堂学习与校内实践有机结合起来，比如，在"社会调查方法""社会统计学""论文写作指导"等课程教学过程中，通过布置问卷调查、焦点访谈、行动研究等作业，要求学生将专业课知识运用于校园实践，有效地落实作业、论文的"真题真做"要求，切实锻炼学生的实务素养。在这些作业、论文中，如"大学生花呗消费""大学生熬夜现象""大学生恋爱压力""高校校园暴力""大学生手机依赖""大学生微信朋友圈交往""大学生志愿服务动机""毕业生就业压力与社会支持"等学生的现实问题得到充分关注与探究。学业指导教师主要采用定期、不定期的方式与学生交流探讨读书和校内实践问题，组织所指导的学生成立项目团队研究相关问题，并把此项工作与大学生创新创业项目、挑战杯、学科竞赛结合起来，鼓励与指导学生关心自己的身边事情，做生活的有心人，主动参与到校内专业实践活动之中，将社会工作专业理论与方法的应用常态化。

（三）协同凝聚多方资源力量，促进校园实践模式体系全面构建

学校以应用型人才培养为根本任务，自2016年开始积极构建了课程体系、第二课堂活动体系和自我教育体系"三位一体"应用型人才培养体系。为了促进校园实践模式的全面推进与深化，本项目团队成员进一步加强社会工作专业师生与学校学生工作部门、共青团组织的联系与合作，使得课堂教学内容向第二课堂延伸更为顺畅，积极培植学生社团力量开展校园实践活动，拓展校园实践路径，把专业实践、实务训练与学生第二课堂活动、自我教育有机结合起来，通过专业引领创新第二课堂实践教学体系和自我教育体系，打造了政治与公共管理学院"大学生实践育人体系"活动品牌，切实丰厚了校园实践模式。

以学生社团为主体的校园专业实践活动丰富多彩，富有宣传教育意义。如"晨之曦"社工协会开展的预防"艾滋病"系列活动，呼吁不歧视艾滋病患者，保护他们的权益；以大学生喜爱的活动方式普

及相关知识，让他们能够正确认识艾滋病，了解艾滋病预防的知识与方法，增强自我保护意识。活动不仅贴近大学生的生活实际，而且体现了极强的专业性。"启明星"志愿服务社开展的"远离毒品，尽享阳光"系列校园活动，通过禁毒知识宣讲、禁毒普法知识竞赛、历奇小组活动等形式，使大学生详细了解了毒品尤其是新型毒品的相关危害，学会如何在社会生活中保护自己，增强了同学们的法律意识与拒毒防毒的观念。

三 校园实践模式下青少年社会工作实务型人才培养的成效

校园实践模式为社会工作专业学生提供了提升专业素养与能力的第二课堂，创设了专业惯习养成的日常性场域，改变了传统观念的所谓"专业实践只能在专业场域"的观点，使学生在日用常行中养成了专业惯习。

（一）学生的专业能力得到锻炼

校园实践模式下，将学生的课余生活充实为理论进一步应用的实践活动，打造学生专业自我成长导向与服务学生活动有机结合的日常性实践社区，在促进学生生活社区建设过程中学生专业知识得以实际运用，专业助人能力得到锻炼与提升，为他们走出校园、走向社区开展一线青少年社会工作服务打下了良好基础。如通过新生适应小组活动的开展，社会工作专业学生在青少年小组活动的设计、实施、评估能力等有了全方位的锻炼；通过开展校园禁毒宣传、防艾宣传、宿舍党建、宿舍文化建设等活动，社会工作专业学生在社区营造、社区宣传、社区动员等社区工作能力得到有效提升。同时，他们在服务的过程中，有关青少年身心发展特点及理论、青少年朋辈辅导技巧等得到了进一步强化。

（二）学生的专业惯习得以日常化养成

通过校园实践模式运作，将社会工作的理论与方法、项目策划与管理、经验分享与团队合作等要求应用于政治与公共管理学院的学生日常管理之中，形成了以学生社团自主能力建设为主的学生生活社区自我成长、交互成长的氛围。倡导日常性专业习惯的养成，改变了"只有在专业场域才能进行专业训练"的观念与做法。校园实践模式作用下，学生学习、生活方面的专业惯习逐步养成，良好的思想意识、行为举止不断成为自然而然的、自动化的表现；学生不断将专业理念用于自身表现的反思性思考，将专业技能用于自我行为习惯的养成，"社工人"的味道越来越浓厚。有学生谈道：

> 俗话说：一屋不扫何以扫天下？通过在校园开展专业服务活动，我觉得助人问题上也是这个道理。如果对发生在自己身边的问题都不去关注，自己身边的人有了困难都不去帮助，很难说会去关心国计民生，很难说有悲天悯人的情怀。就我自己来说，即便将来不去做专业社工，那在日常工作、生活中也一定要求自己牢记"助人自助"的社会工作理念，在日常生活中多做好事、善事，多去完善自己的品性修养，多从他人的角度考虑问题，多换位思考，增强自己的包容性，形成好的人缘，做个好人。

通过校园实践模式，在服务同学、同龄人的过程中，社会工作专业学生不仅更好地了解与理解了大学生的心理特征与行为表现，而且他们的朋辈辅导能力得到很大程度的锻炼，为进一步服务其他青少年群体及开展相关朋辈教育、辅导等专业活动奠定了良好基础。

第四节 服务参与模式的打造

服务参与模式是在服务学习理论的指导之下，让社会工作专业学生直接参与到青少年社会工作服务的实践之中，从服务过程中不断学习与提高青少年社会工作实务能力的一种实践培育方式，其突出的特点就是实践性与专业性。教学改革之前，在专业课程结构体系中尽管有一定量的实践课程，但还存在时间不足、力度不够的问题；课程实践形式上尽管实行了分组教学的模拟演练，但是与真实青少年社会工作服务的实战情境还是有着较大的差别，基本上是设定性的训练内容与方式，是根据课堂教学的进展而进行的专门设定，往往只是强化学生某一方面的专业能力与技巧，所以相应的挑战性并不强。而校园实践模式所面对的日常惯习养成、"新青年"项目服务比课程更为现实，但是只是针对社会工作专业学生自身与大学生群体而开展的，服务对象具有一定的同质性，影响的因素也相对单一。而服务参与模式的实施，是课堂模拟演练与校园实践的升级版，旨在提升学生在真实的青少年社会工作服务场域中的实务能力。

服务参与模式主要依托专业社会工作机构尤其是自办的社会服务机构"济南山青社会工作服务中心"等在基层社区的项目点，针对一定的青少年群体所开设的服务项目（一般是政府购买服务），让学生通过专业实习、相关社会实践活动等切实了解一线青少年社会工作服务情况，采用真操实练的方式进行积极的服务实践。在现实的服务场域，由实践教学指导教师与项目社会工作者提供双重督导支持，学生通过参与式、体验式、观察式等多种方式提升自己的青少年社会工作实务能力。

一 服务参与模式在青少年社会工作实务型人才培养中的作用

社会工作专业本身天然的服务特性，决定了社会工作实践教学必须于具体的服务活动之中才会产生切实的效果。这种实务性强的专业，如果没有实践方面的专业体验与条件支持，学生很难真正将专业理念内化为个体知识与素养、外化为个体的专业行为，很难切身、扎实地掌握与运用社会工作的专业实务技能。服务参与模式的作用在于使学生在真切的社区生活中、青少年社会工作服务的过程中应用、强化和拓展其在课堂中所学到的理论知识与方法技能，不仅会强化理论认知，提升学生专业学习、实践与反思的能力，而且会增强他们的社会责任感和公民意识,增强专业服务的体验。社会工作专业实习让学生参与社会工作服务项目的特色服务实践,是在课程训练与校园实践模式基础之上的深化性的专业实践,可以进一步强化与优化学生的专业实务能力。

通过直接参与服务的方式,不仅让学生进一步体会与感悟社会工作助人自助的价值理念,而且也为实务技能技巧的实战训练提供整合应用的平台与机会,使他们在青少年社会工作服务实践中进一步增强专业认同,形成专业反思与专业自信,形成解决实际问题的整合性社会工作理论与方法的应用能力,提高青少年社会工作的实务能力得到切实提高。

二 服务参与模式下青少年社会工作实务型人才培养的现实探索

在服务学习理论的指导下,本研究团队成员从解决实践教学平台问题入手,积极打造社会工作服务平台,成为专业社会工作服务机构的创始者与核心运营者。本研究负责人带领社会工作专业师生团队通过承接政府购买服务的方式搭建了专业社会工作服务平台,建构了多样化的街道社区服务平台,为学生实习提供专门的专业化平台。教师在机构管理过程中不断提升行政能力、督导能力等指导学生的社会工作实务能力,对现实存在的服务问题进行研究,并将研究的内容丰厚青少年社会工作等课程内容,从而将实践教学由实验室的模拟走向与真实的社会工作服务相结合,形成了教学、科研与服务有机一体的产学研平台。平台的建设为青少年社会工作实务型人才培养模式的探索提供了专业实践载体。以平台建设为引领,进一步加大课程教学改革力度,强化学生社团建设,全面展开服务参与模式的运行。

(一) 自办专业机构,打造青少年社会工作服务社区

如同社会工作教育的发展一样,我国社会工作服务的起步也具有"教育先行"的特点,即部分高校教师领先通过创办社会工作专业机构的方式搭建学生实习平台,为社会工作应用型人才培养提供平台支持。

青少年社会工作实务型人才培养模式研究

为解决社会工作专业实习缺乏现实岗位、社会工作专业教师缺少社会工作服务体验与研究、学生缺少真实的社会服务实践场域的现实问题，在认真学习与分析国家政策、充分调研社会工作服务市场需求与未来发展趋向的基础上，在学校的大力支持下，本研究项目负责人带领社会工作专业师生先后创办了"济南山青社会工作服务中心""临沂山青社会工作服务中心""山东省社区发展与社会工作研究中心"等社会服务机构。这些服务实体的创办，充分发挥专业教育力量在社会工作行业发展的带动与推动作用，使得社会工作实务型人才培养有了专业机构的依托，而专业机构的发展又有了社会工作专业教师的智力支持。社会工作服务机构就成为产学研一体化发展的平台与枢纽，形成了以服务机构平台促进社会工作实务型人才培养、生发出解决现实问题的社会工作实务研究、通过示范性社会工作项目与政策的智力支持推进山东省社会工作行业发展的良性机制，不仅有效地提升了教师的专业实务能力、研究能力与服务行业的能力，而且形成了从社会工作服务实践、现实需求、社会工作行业发展的相关政策研究进一步反思专业教学的行动研究，有效地促进了人才培养方案的应用性开发，建构了社会工作专业学生实务能力提升的渐进性实践教学体系。

1. 济南山青社会工作服务中心

2014年2月，开拓性地创办了社会服务机构"济南山青社会工作服务中心"，使专业教学由实验室模拟转化为与真实的社会工作服务相结合，专业教育与机构服务形成合力，打造了教学、科研与服务一体化平台，成为以社会工作专业毕业生为主体、在校生为补充、教师为督导的师生自主发展的专业社会工作机构。机构所拥有的社会工作服务项目包括青少年（留守青少年、流动青少年、贫困青少年、偏差行为青少年）社会工作、老年社会工作、社区党团建、社区社会组织培育、社区文化建设、社区志愿服务支持、弱势家庭服务、社区矫正、社区治理体系建构等多元服务内容，近三年每年政府购买社会工作服务的资金超过 500 万元。获得中央财政支持社会组织社会工作示范项目 2 项，全国青少年社会工作示范项目 2 项，全国最有影响力青少年社会工作项目 1 项，全国不良青少年社会工作服务支持项目点 1 个。承接共青团山东省委购买服务的山东 12355 青少年服务台，2015 年协助团省委争取省财政福彩公益金 950 万，在全省 17 地市建构 90 个青少年社会工作社区服务站点，打造全省社区青少年社会工作服务示范工程；建构了由山东省 17 所高校教师、一线资深社工共 38 名的服务督导团队，形成了校际资源整合共同支持全省社区青少年社会工作服务的良好态势，也为各校社会工作专业学生提供了实习平台。2016 年承接共青团山东省委"青年之声·山东"的购买服务，形成师生团队支撑、专职社会工作者运作的服务模式，极大地提高了教师与学生团队的青少年活动策划能力、社会工作行政能力和服务能力。协助共青团山东省委打造了"青春同行·益暖齐鲁"贫困青少年关爱项目 86 个，推动了山东省青少年事务社会工作人才队伍的建设。济南山青社会工作服务中心由最初的 5 名社会工作专业毕业生做专职社会工作者发展到目前拥有 76 名专职社会工作者的专业队伍。

2. 临沂市山青社会工作服务中心

2015 年 8 月，与共青团临沂市委联合成立了"临沂山青社会工作服务中心"，承接临沂市兰山区、平邑县、沂南县、蒙阴县等多地青少年社会工作服务项目、党建服务项目等，获评团中央关爱贫困青少年示范项目，2020 年评为山东省优秀社工机构。孵化了多个毕业生运作的社会工作服务机构，如枣庄滕州市华晨社会工作服务中心、聊城青源社会工作服务中心、烟台福山凯德社会工作服务中心等，还有在校生成立的济南崝艳社会工作服务中心。

3. 山东省社区发展与社会工作研究中心

在济南山青社会工作服务中心等运作经验基础上，社会工作专业教师服务行业能力明显增强。2016 年 5 月，受山东省民政厅委托成立了"山东省社区发展与社会工作研究中心"，负责全省社区建设与

青少年社会工作实务型人才培养模式研究

社会工作发展调研、政策研究、标准化建设、培训、评估等任务，成为全省社区建设、社会工作服务开展的唯一支持机构，开发了首届齐鲁和谐使者评选的指标体系，进行齐鲁和谐使者、全省社区社会工作骨干、全省社会工作骨干高级研修班等培训，社会治理创新实验区初次评估指标体系的研发，进行全省社区治理现状调研、《山东省政府购买社会工作服务指南》地方标准的制定；承接山东省社会组织管理局"双百扶贫·心灯引航"项目，统筹全省一百家社会组织、一百名社会工作者对接省派第一书记共同参与的双百扶贫行动；为东营市、威海市、潍坊市、滨州市、泰安市、菏泽市等提供政府购买服务、社会组织培育、社会工作督导与评估等专业上的支持，为山东省社区治理与社会工作发展做出了应有的贡献。

随着自办社会服务机构的不断壮大，极大地提升了社会工作专业服务全省民政系统与共青团系统的能力，使得社会工作服务形成了上对政府部门、共青团组织的政策制定，下对基层街道社区居民服务的发展态势，形成了社会工作专业发展的校政、校地、校校合作协同的局面，促进了社会工作服务市场尤其是青少年工作的极大发展，为社会工作专业师生提供了更多的专业能力提升的机会与平台，鲜活地展现了社会工作良好的发展前景和就业前景。通过在社会工作服务机构的项目点上开展相关的见习、实习甚至顶岗实习等活动，学生不仅切实锻炼了社会工作实务能力，而且专业的认同度与专业对口就业率大幅度提升，社会工作专业学生第一志愿报考率高达91%，学生的考研率不仅没有因为服务参与实践的增加而降低，反而一直位居全国社会工作专业的前列。服务机构的不断壮大，也使得社会工作行业发展与社会工作人才培养形成了良好的协同关系，社会工作专业实务型人才培养体系日趋成熟，人才培养取得了较好的效果。

总之，济南山青社会工作服务中心等社会工作服务机构为专业实践教育的开展、学生实务能力的培养打造了一个多元而坚实的平台，使专业教育活学活用、经世致用的原则得到了很好的贯彻执行。而通过学生对机构活动、项目的广泛参与，机构也获得了项目有效开展的强大志愿者资源和项目设计的原创资源，这极大地增强了机构在行业中的优势与特色，确保了在同行业中的领先地位与示范作用。

（二）增加课程实践学时，用好实践学时

服务参与模式的运行需要与专业课程密切相连，并且需要一定的课程时间作为保障。为此，在社会工作专业人才培养方案改革中，大部分课程的实践课时都不同程度地得到增加。为了充分用好这些实践学时，要求专业课程实践学时务必要体现与突出实践服务特性，实现教学实践学时运用与现实青少年社会工作社区服务的联系与对接，强化服务实践在整个专业教育教学中的主线作用。要求每门专业课程尤其是实务方法类课程都要把服务实践作为教学主线，为学生实践学时的有效学习开辟了多样化的实践场域。以"社区社会工作"课程为例，突出服务实践的教学方式主要包括以下方面：

一是带领学生参观社区，学习社区青少年社会工作服务方面的经验并发现存在的服务问题；二是针对社区存在的问题进行课堂讨论，并对照社会工作专业理论探寻其原因，设计针对性的社区青少年社会工作服务改进方案，并提交给社区社会工作项目点专业社会工作者以供参考；三是对社区当前青少年社会工作服务情况进行相关调研，并积极参与其中开展服务；四是要求学生利用课余时间以志愿服务的方式参与、观察社区青少年社会工作服务活动，并将自己的所见所闻、所思所为在课堂上交流分享，将自己所遇到的问题与困难供大家分享讨论。

为了更好地督促课程实践学时的真正利用，我们加强了相关考核的设定。有些课程对实践学时部分的学习进行专门考核，并单独计算学分；对不单独计算实践学时学分的课程，主要通过要求学生撰写课程实训报告的形式进行检查评估。

（三）落实专业实习、实践，确保学生能深入青少年社会工作服务一线

专业实习与社会实践是服务参与模式运行的重要方式。随着专业

化社会工作机构的不断出现，尤其是自办"济南山青社会工作服务中心"成立以来，学生的专业实习有了机构专业实践平台的保障。为了进一步强化实践教学，学院成立了专门的实习领导小组，建立了社会工作专业认知实习、协助服务、项目实习的实践教学体系，形成了符合学生实务能力提升规律的由浅及深的专业实习链条，并由专人来负责学生的实习实践，通过全方位的工作来保证专业实习的切实开展。这些工作主要包括：除了济南山青社会工作服务中心外，考察济南市以及省内外相关实习点，建立实践教学基地；形成实习过程中的学校社会工作专业教师、机构专业社会工作者"双导师"配备，从而做到全面把控与及时跟进学生实习情况，保证实习的时间与质量；要求教师用好校友邦平台，及时指导学生撰写周志、月志等，加强过程性的评价并作为督促、检查、反思、改进实习的重要举措；组织专业实习汇报会，让学生积累实习经验形成实习成果并进行分享，发挥专业实习对下一级学生的传帮带作用。

（四）发挥学生社团作用，形成实践服务的示范效应与规模效应

服务参与模式的运行，在很大程度上需要发挥团队的力量并形成示范效应、规模效应。为此，积极调动学生的专业服务助人的积极性，培育、指导专业性社团的建设。重视学生社团在实践服务、学生成长成才中的作用，鼓励支持学生社会工作专业学术社团的组织成立，指导扶持学生社团把专业化项目运作作为社团开展活动的内容与抓手，积极推进学生社团活动项目化和社会化发展，引入社会资源培育学生志愿服务项目，通过社团内部项目化团队建设来推动社团活动的专业化发展。在学校、机构所开展的朋辈辅导、自我教育、社会公益慈善等志愿服务活动中，学生社团积极参与并成为活动开展的重要保障力量。通过组织和参与多样化的服务活动，扩大了社团学生对各类青少年群体的接触范围，锻炼了他们处理不同服务实践问题的能力，增强了他们对青少年发展成长状况、特点，以及经济社会发展现状的了解，从而有效地促进了他们的专业实务能力的提升。例如，

"晨之曦"社工协会作为学院重点打造的以志愿服务为特色的专业性社团,仅2017年一年的时间,依托9支项目化团队,深入社区开展专业活动与志愿服务,学生参与高达400人次,服务总时长约100000小时。其中"济漂老人"服务项目团队与"伴你同行"青春健康同伴教育团队受到学院的重点支持,发挥了志愿服务项目对青年学生的价值引领和示范作用。"晨之曦"协会还发起"一二·五国际志愿者日志愿服务分享会暨山东高校公益类社团发展论坛",共有山东大学、山东财经大学、齐鲁师范学院等高校共13个公益志愿类社团的30余名代表参加论坛。指导学生成立自强协会,积极开展"四诚"教育系列活动;成立"启明星"志愿服务社,积极开展校内外志愿服务活动,尤其是在"新冠疫情"防控期间,针对临清市省派第一书记帮办村提供了线上的课业辅导与心理支持服务,深受当地中小学生及家长的好评。

学生社团在促进学生参与实践、服务社会、提升能力方面成效显著。"晨之曦"社工协会自2016年以来,先后获得来自团中央、中华环保基金会等7个小额资助项目立项,其中4个项目已经顺利结项,累计获得项目资金支持60000余元。培育的品牌项目获得中国青年志愿服务项目大赛银奖,山东省青年志愿服务项目大赛2金、2银的好成绩,在第八届"调研山东"大学生经济社会调查活动中评为二等奖,获得山东省大学生"挑战杯"科技竞赛一等奖,在第二届山东省大中专学生社团节中获得"百佳学生社团"称号,在2017年度全国高校社工社团社工文化节评比大赛中获得优秀社工社团奖,山东省五星级社团以及2019"榜样100"全国最佳大学生社团,2020年获得"山东省青年志愿服务先进集体"。2020年学生社团获得小额资助资金约16万元,实现了自我造血与良性运转。学生社团活动为学生提供了专业能力自我成长的平台与机会,他们所取得的成绩,是自觉应用社会工作专业理论与方法的最好注脚。

(五)项目化运作,加强假期社会实践

自2017年暑期开始,依托山东省"十三五"应用型人才培养培育社会工作专业（群）资金，采用假期学生社会实践的项目化运作，以基础运作资金+奖励资金的方式激励学生，要求教师指导、学生自发组织项目团队，对项目申报进行评选，最后对结项报告与过程性实证材料进行评比，评出一、二、三等奖，分别给予基础运作资金的200%、100%、50%的奖励。对于结项报告查重率超过30%的学生不予奖励，超过50%的学生取消资格并且下一次不得申报。此种资助、激励机制下，学生参与假期社会实践活动的态度更为积极，实践活动的专业性水平与实践成果的质量不断提高。通过寒暑假实践立项活动的开展，目前全院已有200多项学生社会实践活动获得立项支持，项目凸显学校"青年、政治"特色，内容涵盖暑期三下乡、社会调研、基层党建团建、挑战杯学科竞赛培育等多个方面。自2017年至今连续三年形成三本学生项目实践报告成果，已由国家一级出版社九州出版社出版。这是对服务参与模式的进一步拓展与延伸，是以运作服务项目实践的方式来提高学生的专业实务能力。

（六）坚持实践服务的长期性，确保实践服务的实效

通过开展专业实践、参与专业服务来培养学生的专业实务素养非一时一事之功，而是长久规划运作之计。确保社会工作专业实践服务实效的关键，是能够保障专业实践服务长期不懈、持续稳定地进行。为此，在社会工作专业人才培养方案中对实践教学进行了四年共八个学期的一以贯之的安排；课程教学方面，对其中的实践环节提出了专门性的要求；在学生的考评方面，既看学生实践实习的总时数，还考查学生实践实习的连续性与衔接性；积极与专业实践实习基地保持良好的合作共建关系，以保证实践实习承接的连续性；对实践服务活动成效及学生实践服务能力进行双重考评，即专业教师与机构社会工作者共同督促学生不断丰富社会工作专业实践内容，创新社会工作实践形式以深化服务活动、提高专业实践水平。

三 服务参与模式下青少年社会工作实务型人才培养的成效

服务参与模式使学生参与专业社会工作服务贯穿人才培养的始

第三章 青少年社会工作实务型人才培养模式的建构实践

终，从专业认知、见习，到项目化运作、顶岗实习，学生的专业实务能力得到渐进提升，培养成效明显。

（一）学生参与了不同的青少年社会工作服务领域

青少年社会工作服务包括思想引领、身心健康发展支持、社会融入支持、社会保障支持、合法权益保护、违法犯罪预防等多领域。通过服务参与模式的运行，学生的专业实习、社会实践活动在社区青少年社会工作服务多个领域中得以充分开展。在城市社区，学生们参与开展了"四点半课堂""青少年历奇活动""青少年城市探索""假日游学""快乐小厨房"等丰富多彩的活动，积极维护清洁工、外来务工人员子女的权益；在农村社区，积极开展专业支教活动，为乡村留守家庭儿童、贫困家庭儿童开展维权行动、抗逆力提升、课业辅导等服务。通过这些服务活动的参与，学生全方位地接触、了解了青少年社会工作服务领域及相应服务内容，较为深刻地领悟到青少年社会工作服务的价值意义，明确地感受到青少年社会工作服务面临的任务以及青少年社会工作者所应具备的服务素质，较为清晰地认识青少年不同群体生存、发展所面临的现实问题。有学生谈道：

> 原来印象里做青少年社会工作，只是带着小孩子们玩玩，让他们在繁重的课业压力下能够多乐呵乐呵，没啥复杂的。可是真来到社区，亲自接触一线的青少年社会工作服务项目，才感觉其中有大的学问，孩子们的很多方面都值得我们去理解、关注。比如，在"四点半课堂"项目中，我们发现陪伴、帮助孩子们做作业其实还不是最重要的，最重要的是在这个过程中，不少孩子都向我们倾诉了他们的一些烦恼，如和父母的矛盾、和同伴间的争执、和老师之间隔阂。我们觉得这些问题如果不是社工主动去跟孩子们交往，孩子们很难向外人倾诉，而其中有些问题如果不能得到很好地回应与解决，肯定是影响孩子的健康发展。这样分析下去，其实青少年社会工作要做的事情太多，也太重要了。

正是通过全方位参与青少年社会工作服务领域，学生对社会工作服务有了更为全面、清晰的认识，不仅包括对如何开展青少年服务经验、做法的认识，而且也包括对当前青少年服务存在的问题及短板的认识。这种认识会更好地帮助他们有针对性地进行个人的学业规划，充实学习内容、变革学习方式，以便能够更好地锻炼专业素养，将来就业能够更好地跟一线青少年社会工作服务相对接。

（二）学生的青少年社会工作实务能力得到了锻炼

在青少年社会工作服务实践中，学生协助一线社会工作者运行项目，开展活动，在助力社区青少年健康成长的同时，自身的青少年社会工作实务能力也得到了全面锻炼。

从服务对象角度而言，学生对青少年身心发展特点、现实生存状况、发展成长需求等问题有了更为全面的了解，认识与理解青少年的能力不断提高；学生与服务对象青少年建立专业关系的过程中，运用专业理论与方法主动与他们交流沟通，取得他们的信任，赢得他们的认可，"亲"青少年个性素养得到良好培育。有学生谈道：

> 不管什么样的青少年，也不管他有什么问题，从社会工作优势视角理论来看的话，其实总有他自己的优点，而社工的优势也正在于能够发现、捕捉、真心认同这一优点。从优点入手与青少年建立关系，尽管不那么容易，但是功夫到了，一定会取得他们的信任。只有他们信任你了，服务工作才可能开展下去。所以根本上还是内心里要有真正关心、爱护孩子们的情感，这个比什么都重要。

从服务能力角度而言，学生们在参与社区服务过程中，不断将所学专业知识、方法、技能运用于实践当中。如对个别问题青少年，采用个案管理服务的方式，帮助其链接社会资源，建立社会支持系统；依据团体动力原理和青少年活泼好动的特点，设计开展发展性、成长性小组活动；积极链接社区社会资源，利用周末、节假日开展大型青少年社区活动。采取社会政策倡导方法，对关系青少年健康成长的相关事务提出意见建议，通过政府问政平台、模拟政协提案等途径、方式来进行政策倡导。通过这些专业化方式方法的运用，学生的青少年社会工作专业理论不断得以理解与内化，青少年社会工作实务能力得到全方位锻炼。有学生谈道：

在社区里开展青少年服务项目，确实需要真才实学。如果你的活动设计得不好，青少年就不喜欢参加，或者即便参加了效果也不好。这就逼着我们努力去设计好、开展好活动。为此得去查找相关资料，学习人家的经验，要反复推敲设计的活动方案的合理性、可行性。活动过程中还得绷紧神经，脑袋时刻运转着，思考如何使活动顺利开展下去。活动结束了还要进行过程、成效的反馈反思。这样的过程中的确很费时费力，很是辛苦，但是经历下来后，收获和成长是实实在在的。

（三）学生的社会工作专业价值观得到了塑造

参与青少年服务不仅是实务能力锻炼的过程，也是社会工作专业价值观养成的过程。通过亲身参与一线青少年社会工作服务以及对不同青少年群体与个体的了解、接触，在处理与解决相关问题的过程中，学生对青少年社会工作专业价值观有了更为深刻的感悟，有学生谈道：

在实习中，通过与不少青少年的接触，我觉得尽管青少年有这样或那样的问题，但这往往只是结果，而造成问题结果的具体原因尽管五花八门、情况各异，但是归纳起来基本都是周围环境中存在的对青少年的不平等、不尊重、不理解等原因造成的。换句话说，大人们在跟青少年接触、交往的时候，并不能真正理解、接纳他们，而是按照成人世界的要求、规则来让青少年顺从。通过这样的一个感悟，更觉得我们社会工作专业所倡导、践行的平等、公正、接纳、保密等专业价值观念的重要性和价值所在，也值得我们更加深刻地领会，并真正能够在现实服务中加以遵从。

随着对社会工作专业价值观的认可、接纳，学生的专业认同度、专业自信力以及社会责任感也不断提升，致力专业服务的情怀不断得以滋养，服务青少年尤其是弱势青少年群体的心向不断增强。

总之，服务参与教学模式的运行，使得社会工作实务训练进入全面训练与提升阶段，由此形成了一个由之初的课堂模拟实务训练到校园自我服务实务训练、社会实践项目化运作、再到基础社区一线服务实务训练的完整连贯、持续相继的青少年社会工作实务型人才培养动态系统。

第四章　青少年社会工作实务型人才培养模式的建构机制

青少年社会工作实务型人才培养模式的建构机制，是保障人才培养模式得以顺利运行的资源、条件以及相关要素的结构关系与运行方式。在青少年社会工作实务型人才培养过程中，依据社会工作服务的社会化性质、项目化特点以及社会工作教育教学的需求，在培养资源的提供与利用、社会工作教育与服务项目化运作、教师实务能力提升方面建立与完善了相关机制，以保证青少年社会工作实务型人才培养模式的实施及其成效的取得。

第一节　实施多元资源链接机制，形成多元育人共同体

应用型人才的培养涉及高校教育职能的转变、教育资源的扩充以及教育与社会的接轨等问题，需要相关力量的支持以整合与配备好资源。青少年社会工作实务型人才培养具有明显的综合性、开放性特征，要求有相应的组织、人员、制度等方面的保障。几年来，社会工作专业通过"走出去、请进来"，联手合作、携手共建等方式，把学校相关部门、社会工作服务机构、社会相关单位都纳入到专业人才培养轨道中来，实现了专业发展的大教育格局。尤其是通过课内课外、校内校外"大社区"平台的构建，链接了学科、专业、行业等资源并开发了相应的合作机制，形成了多元育人共同体。

一　与相关其他专业形成协同育人机制

随着社会治理体系与治理能力现代化的不断推进，急需大量实务能力强的社会工作者。发挥整合社会资源的专业优势，推进共建共治共享的基层社会治理格局，其要求青少年社会工作实务型人才的素质能力体现为专业复合型、能力综合型。根据基层社会治理对人才的现实需求，我们以社会工作专业为核心、联合政治学与行政学专业、公共事业管理专业共同建构以培养基层社区治理人才为目标的社会工作专业（群），该专业群成功获评山东省"十三五"高水平应用型人才培养培育立项建设专业群，获得山东省财政奖补资金950万元、学校配套资金950万元，使得社会工作专业实务型人才培养有了更加符合经济社会发展要求的目标导向，有了充足资金的保障与支持。在专业群发展模式下，三个专业间的课程教学、专业活动、社会实践实现了有效的共享、联动与交融，社会工作专业的学生可以修习"政治学""管理学"等课程，有更多机会参加基层党团建、社区治理等实践活动，在基层社区服务、社区治理通才素养培育方面得到加强。专业群所形成的专业联合，打破了传统的学科壁垒，将三个分属于不同的三个一级学科的专业，形成了围绕社区治理应用型人才培养的新专业定向。社会工作专业以培养基层社区社会工作专业服务与管理人才为主要导向，这种方向性的定位更有助于从基层社会治理、公共服务的角度去审视服务对象尤其是青少年的发展与成长问题，有助于青少年社会工作实务型人才培养的服务大局观的确立，有助于学生实务能力统合性训练的加强，有助于学生更好地参与"基层社区、社会工作、社会组织、志愿服务"四社联动育人实践，并形成多元协同培养应用型人才新模式，从而使青少年社会工作实务型人才培养获得更丰富的专业土壤和更强大的专业依托。随着社会工作专业（群）建设的不断推进，青少年社会工作实务型人才培养的复合性、适用性更为突出。

二　与校内教育力量形成协同育人机制

在学校全员育人、服务育人政策指导下，积极发挥社会工作专业优势，联系学校相关部门开展合作共建活动，建立协同育人机制。如与学校科研处建立合作共建关系，利用科研处在科研项目运作方面的优势对学生的项目申报、研究等活动进行专业化指导，开展了"学术能力提升"系列活动。该活动是以科研处的组织建设为契机，以政治与公共管理学院为平台，巩固拓展"两学一做"专题教育成果，科研处老师在学生创新创业项目的解读与申报、项目的运作与管理、项目成果的总结与推广方面给予专业性指导，从而更好地培养学生的科研意识、科研兴趣、科研能力。与学生工作处、各学院建立专业服务关系，以"新青年"项目为载体，在新生入学教育、朋辈心理辅导、学生党员进社区等方面给予社会工作学生专业技能一试身手的好机会。与校团委建立合作关系，在大学生志愿服务阵地建设、志愿者培训、志愿服务的项目化与专业化运作方面形成双向支持态势，并实现了学生社团活动的项目化运作，在大学生创新创业、志愿服务等方面取得了丰硕的成果。

三　与行业、地方形成协同育人机制

以产教融合政策为指导，积极调动专业的服务资源、智力资源、人力资源参与社会工作事业发展与地方基层社区治理，与行业、地方建立协同育人机制。依托山东省社区发展与社会工作研究中心、济南山青社会工作服务中心、临沂市山青社会工作服务中心等自创社会服务机构所具有的承接政府购买服务的职能，以及社会工作专业教师的专业优势，通过政策研究、服务开展与支持、培训督导等，产生了较好的研究成果与服务成效，取得了山东省民政厅、共青团山东省委、山东省社会工作协会、济南市民政局、济南市社会工作协会、历下区民政局、共青团市中区委、千佛山街道办事处、建筑新村街道办事处等基层街道社区的支持与合作,积极加强专业与各方面资源、力量的联系,形成了共赢合作关系,探索了"校政""校社""校地"合作育人模式。在这个过程中,社会工作专业获得了相关部门、单位、组织在社会工作尤其是青少年社会工作方面的发展政策、培养资源、服务项目等支持,使得专业在青少年社会工作服务、青少年社会工作人才培养等获得了服务前沿平台,社会工作专业学生有更多的机会深入社区一线开展专业化青少年社会工作服务活动。

四　与知名高校、业界专家形成资源共享机制

与知名高校、业界专家形成了资源共享机制,以获得高水准的专业建设指导,不断提升专业建设水平。

与北京大学、复旦大学、山东大学等国内外社会工作界知名高校、学者建立了学术交流合作平台,举办专家报告、海内外学术会议;形成了合作编写教材、开发课程的机制。例如邀请中国社会工作教育协会会长、北京大学王思斌教授,副会长、南开大学关信平教授等权威专家,香港理工大学古学斌教授、香港注册社工梁建雄等一线资深社工进行指导论证。

聘请了复旦大学博士生导师顾东辉,台湾东海大学博士生导师曾华源、王笃强,香港理工大学博士生导师古学斌,原中国社会工作教育协会副会长兼秘书长、中国青年政治学院史柏年教授为客座教授,聘请山东大学高鉴国教授为特聘教授等来指导与引领专业团队。邀请山东省民政厅社会组织管理局、基层政权处等学术型领导对学生作有关政策解读与社会组织、社会工作现实发展的报告。使得学生不出校门就可以听到社会工作界名家和政府部门相关领导的报告,能够更好地了解社区治理、社会工作、社会组织发展现状,开阔了专业视野,提高了专业志趣。

与青岛大学合作建立社会工作专业硕士研究生联合培养基地项目于2019年下半年正式启动,形成了联合培养社会工作专业硕士研究

生机制，标志着青少年社会工作实务型人才培养模式开始进入高端发展期。

五 形成了人才培养评价主体多元共生机制

评价工作是青少年社会工作实务型人才培养模式的重要组成部分。实务型人才培养多元模式的施行，要求必须形成与之相匹配的全面、多元的评价体系，从而有效地引导学生主动积极地按照评价的要求来提升自己的实务能力。通过多样资源的链接与整合，形成了人才培养评价主体多元共生机制，学生个体与群体、教师、督导、服务对象、机构、街道干部、社区工作人员等均是评价主体；各方面评价主体对学生行为表现进行把脉，既有共性评价，也有出于不同视角、不同立场的差异性、特色性评价。与此同时，形成了撰写社会工作实习与服务日志、周志、过程评估等多元化、反思性特色的评价考核方式。全面性、过程性、即时性、反思性评价系统的运行，使得青少年社会工作实务型人才培养的目标更加明确，学生实务能力的提升有了多维度的指导与协助，实务型人才培养模式的运行有了及时的调控与保障。

第二节 实施项目化运作机制，保障服务的专业化水平

项目化运作是社会工作专业在实践教学过程中逐步凝练生成的一种综合性、专业性特征明显的教学方式，其以社会工作项目设计、实施的方式协调教师的"教"与学生的"学"之间的关系，从而形成学生主动学习的积极性，实现学生从简单化的服务参与学习，到能够综合性地进行项目运作学习的转变。通过该模式的实施，使学生较为全面、深刻地理解社会工作服务的实务属性，在综合、系统训练学生实务能力方面起到了很好的引领与保障作用。

美国项目管理协会（PMI）对项目的定义为：为完成某一独特的

产品或服务所做的一次性努力。① 我们将项目这一范畴引入到社会工作专业实务型人才培养活动中来，以项目作为开展教学活动的重要形式与载体，旨在全面锻炼与提升学生的综合学习能力与服务能力，使实务型人才培养更有力度，更符合青少年社会工作的实际；使实务型人才培养模式更体现社会工作专业特点，能够使学生较好地内化与外化社会工作专业的价值理念、理论与方法。

  项目化运作机制是以项目为内容与载体的专业教学、学习及服务模式的运行机理，此种机理贯穿于社会工作实务型人才培养的全过程，把人才培养相关因素给紧密串联起来，保障了实务能力培养的针对性、持续性与有效性。项目化运作机制从社会工作实务型人才培养目标而言，要求学生应需掌握社会工作服务项目的基本知识与运作项目开展服务的初步能力；从教学内容而言，要求所开设课程在一定程度上具有综合化、项目化的特征，适于用作开展项目化的学习与实践；从教学方式而言，要求开展团队教学、合作学习、服务学习等；从教学评价而言，要求在课程教学、毕业论文撰写、社会工作实习的考核中强化项目服务因素，从不同角度考查学生在项目服务方面的学习掌握情况。概括而言，项目化运作机制要求社会工作人才培养方案的设计与运行要以项目为重要抓手，致力培养学生一线社工所需的综融服务能力。

  从具体形态来说，项目化运作机制包括项目化学习运作机制与项目化实践运作机制两个组成部分，项目化学习运作机制是项目化实践运作机制形成的基础，项目化实践运作机制是项目化学习运作机制的深化与延展。

  项目化学习运作机制是指在课程教学过程中，把对社会工作服务项目的了解、设计作为教学的重要任务，要求教师给出一定的案例，由学生分组合作研讨，进行项目设计，再进行展示，根据相应的设计

---

① 丁宁、陆永君、穆志强：《项目管理》（第2版），北京交通大学出版社2012年版，第8页。

进行实施过程的模拟演练,通过小组之间的质询与回应、教师点评等方式,进一步澄清项目设计与实施的思路,从而使学生在有机衔接的课堂参与和训练中,进一步掌握社会工作项目设计的相关理论知识以及项目运作的技能技巧。

项目化实践运作机制是指让学生亲自去参与、实施相关服务项目,在具体的项目实践中锻炼项目设计、运作、管理、评价能力。它要求学生根据服务的现实需要进行项目设计,在服务的过程中能够动态性地执行项目计划,并且注意过程性反思与行动调整;要求教师或项目专职社会工作者对学生项目实施过程进行跟进督导。

项目化学习运作机制与项目化实践运作机制,可以说是培养学生社会工作专业实务能力的相互衔接的有机整体,项目化学习为项目化实践或服务提供基本理论与方法的储备,打下项目化服务的技能技巧和社会工作价值伦理的内化基础,项目化服务实践是项目化学习阶段成果的现实运用和学习成果的进一步巩固。

一 项目化运作机制在青少年实务型人才培养中的作用

项目化运作机制在实务型人才培养中具有形成学生项目化设计与运作专业能力的作用,其不同于传统的课堂教学,而是共同项目化学习与实践的过程,于其中学生的主体性参与意识与能力得到培养。

(一) 可以保证全方位锻炼学生的社会工作实务能力

社会工作服务项目的运作是一整套的项目运作和服务流程,包含了多样、多元的理论知识与实践技能的要求。在项目化服务实践模式运作过程中,学生作为学习主体运用知识与技能来研究、解决青少年相关问题,在真实的实务场域、情境中实现青少年社会工作实务能力的综融锻炼和整体提升。项目实践中学生的学习内容是多元的,不仅要学习如何组建项目团队,而且要进行相关的分工配合,为了共同完成一个完整的社会工作项目任务而展开服务活动,学生的合作精神、团队意识与能力得到了锻炼,专业理论与方法应用的实务能力得到提升。

（二）可以使学生更好地了解社会工作服务的特点，把握社会工作者的职能与角色

社会工作服务在现实中除了少量的岗位工作，其主流就是社会工作项目服务与管理，即以项目运作的方式来进行服务是目前我国社会工作服务的主要工作样态，是社会工作者开展现实服务的主要方式，即只有掌握了社会工作项目运作的要求与管理规律，具有项目运作与服务的能力，才可能成为一名称职的社会工作者。因此，开展项目化服务实践模式，可以使学生通过对社会工作服务项目的直接参与，来精准了解社会工作服务特点、服务流程、规范要求等，在项目运作中感悟与体会社会工作者的职能与角色，从而更好地拉近学生自我与社会工作服务之间的距离，能够有效地提高学生的专业自信与专业能力。项目化服务实践模式是学生了解、感悟、认同社会工作专业与职业的现实途径，也是实现由一名社会工作学习者向社会工作服务者身份转变的必然路径。这种参与式成长、体验式学习方式可以增加他们学以致用、知行合一的锻炼机会，有利于提高他们的青少年社会工作实务能力以及专业认知感与认同感。

二 项目化运作机制的设计与实施

社会工作服务项目化的特点要求学生了解项目服务运作的过程与机制，并且具有进行社会工作项目实施与服务的能力。为了更好地让学生掌握社会工作项目服务的特点要求，增加参与项目服务的机会，形成项目化服务的能力，本研究在实务型人才培养活动中积极实施与推进项目化运作机制，以项目为抓手，对课程教学活动特别进行了以下专门设计与安排：

（一）整合课程内容，加强课程项目化设计

通过针对性课程设计，实现项目化服务的课程样态。根据学生社会工作实务能力提升的规律以及项目化服务的特点、要求，把项目服

务元素有机地嵌入到课程方案当中，进行了由浅及深有机衔接的课程设计，使得不同的教育阶段体现出不同的特点、内容与要求。

在大一阶段，主要是在"社会学概论""社会工作概论""人类行为与社会环境"等相关课程中进行社会工作服务项目案例的教学。通过项目案例的学习，使学生初步认知社会工作服务项目的样态，增强学生对社会工作服务项目的感性认识，认识服务项目与社会工作服务之间的内在联系。

在大二阶段，在"小组社会工作""社区社会工作"等课程中，在项目案例作为教学内容的基础上，进一步渗透社会工作服务项目内容，按照社会工作项目化服务的标准与要求对教材内容进行重新组织、整合，打破教材知识的逻辑结构，删减不必要的理论内容，按照学生项目运作的经验结构与现实要求来提炼、生成新的教学内容，内容突出针对性、问题性、实用性、方法性，探索性，即变课程知识逻辑为项目运作逻辑。比如，在"小组社会工作"课程中，围绕青少年网瘾这一主题，以小组服务的形式来组织课程内容、进行相关小组服务方案的设计。在服务方案设计过程中，把小组社会工作相关课程的专业知识给有机地串联起来，以项目的形式作为引领课程知识学习的导航器。

在大三阶段，主要开设"社会工作项目管理与运作""志愿服务与管理"等课程，这些课程内容主要涉及的都是专门的社会工作项目相关的专业知识。通过这些课程的学习，可以使学生所掌握的社会工作服务项目的理论知识得到全面梳理和深化学习，强化了学生项目化服务实践所需要的理论基础。同时，这一阶段开设"青少年社会工作"课程，要求学生在了解青少年青春期特征的基础之上，能够针对不同青少年群体尤其是重点青少年群体的相关案例进行服务项目设计，要求学生能够在案例的具体分析中，在把握青少年服务对象的具体问题与需求的基础上，运用整合性社会工作理论与方法进行项目策划与设计。如果说在前期有关"个案社会工作""小组社会工作"课程等的项目设计都是强调单一性方法的设计，那么"青少年社会工作"课程则要求以综融性的社会工作理论与方法进行设计。而开放性实验项目"社会工作服务项目设计"是由师生深入街道社区而开展的针对青少年现实服务需求而进行的项目设计，是项目设计场域的现实化。

以上三个阶段的课程内容设计，是青少年社会工作实务型人才培养模式中服务参与模式的具体专业化演进的环节与内容，是贴近现实社会工作服务实际而进行的针对性实务能力提高的设计，它将所有社会工作服务项目知识形成了一个螺旋上升的样态，符合学生在服务项目学习与实践过程的循序渐进、有机提升的规律，为大四阶段到街道社区的社会工作服务项目点进行直接参与项目服务的专业实习，奠定了较好的项目运作知识与能力基础。大四学生或者协助专业社会工作者为青少年提供服务，或者直接顶岗实习，使得他们有进行专业服务的现实条件。

（二）把项目化服务纳入教学活动环节，以项目促进专业学习深化

通过教学设计实现项目化服务的教学样态，使项目化服务成为重要的教学活动形式。具体而言，在教学过程中，把学生主持、参与的社会工作服务项目加工改造成与课程教学要求、内容相匹配的鲜活案例，通过翻转课堂，让学生担任教师角色进行讲解，不仅可以锻炼学生的表达能力，而且使学生进一步体会作为项目负责人所承担的任务、角色与责任；在作业布置、测验考试中，增加项目设计相关的考核内容，要求学生分析案例并完成某一服务方面的项目设计，全方位考查学生在项目设计方面的知识掌握与技能运用情况；在毕业论文环节，根据"真题真做"的原则，要求学生以项目化的形式去进行相关社会工作服务的实践与研究，以增强毕业论文的专业性水平，要求毕业论文写作过程实现理论与实务、研究与服务的有机结合；在学业评价环节，将学生主持、参与服务项目情况作为评价的重要指标，调动学生项目学习、项目实践的积极性与主动性。

第四章 青少年社会工作实务型人才培养模式的建构机制

（三）采取有效措施，激励学生积极获取和参与项目服务

围绕项目实践与研究开展相应的教学活动，必然需要足够数量的项目实例作为课程资源。为此，在学院支持下，社会工作专业高度重视学生社会实践在学生成长成才中的作用，始终坚持立足专业，推进学生实践专业化、项目化发展，大力支持学生申报学校、省、国家创新创业项目，支持学生假期社会实践活动的项目化运作，不断探索符合学生需求的实践成长模式，培养学生项目化运作与研究团队，推动学生创新创业工作与专业的紧密融合，采取多样措施鼓励学生积极获取和参与多方面的服务实践项目。

从山东省"十三五"应用型高水平人才培养立项建设社会工作专业（群）支持资金中，设立专门的学生奖励专项资金支持学生寒暑假社会实践活动项目化运作。组织志愿服务三选会，为学生通过志愿服务方式参与更多的、更专业的项目服务提供机会，具体过程是：链接学生志愿者、社会工作机构的项目社会工作者、教师志愿者三方，构建三方相互选择机制，搭建三方合作平台，并通过完善机制、突出专业特色等措施来提升学生参加志愿服务的实效，丰富志愿服务的内容，提升志愿服务的水平，使志愿服务活动向项目化、专业化和品牌化迈进，通过搭建校内外志愿服务项目化平台，为学生积极参与现实服务、成长成才提供更多更好的机会。

目前，学生获取项目的主要方式已呈现为多渠道样态，包括：参与教师的科学研究项目、自己组建团队申报学院假期项目、依托学生社团申报项目、参与社会工作服务机构的服务项目、参与街道社区公益创投项目等等。项目涵盖大学生创新创业训练项目、全国挑战杯竞赛、模拟政协提案、志愿服务、青少年社会工作服务、公益创投等赛事与活动。通过得力的激励举措，学生参与项目服务实践的热情得到有效激发，形成了携手组建团队、人人参与项目的良好局面。

（四）链接多方资源，提升学生项目化服务的运作能力

通过链接外部多方资源及相关机制的建立，为渐进培养学生的项目

申报、运作与研究能力，拓展项目化服务的视野，提升项目化服务的水平提供了保证。比如，先后邀请山东大学哲学与社会发展学院李教授主讲社会实践项目申报书撰写专题培训会，邀请共青团山东省委志愿者工作部刘部长参加高校志愿服务工作座谈会，对志愿服务的发展历程、项目运作、项目服务领域以及项目着力点等四个方面进行专门介绍；邀请全国青年志愿者权威专家、北京语言大学博士生导师卢教授作有关志愿服务专业化发展的报告；邀请"五四青年奖章"获得者、威海市社会组织孵化园社区服务党支部书记、环翠区助力社区志愿者服务中心创始人张理事长作"如何写一份合格的志愿服务项目书"的报告；邀请学校科研处人员给学生作科研项目研究的专题报告；选派师生观摩全国志愿服务项目大赛、全省志愿服务项目大赛等。通过以上方式对学生进行社会工作服务项目、志愿服务项目、项目研究等的培训及相应的学习活动，学生专业化水平、项目化运作能力明显提高，形成了依托专业并且有效延伸的"第二课堂"项目服务育人实践模式。

  项目化学习与实践运作机制的形成，保证了专题性、实务性、现实性突出的选修课程与专业实践有了坚实的教学着眼点与抓手，有效地促进了各门课程的开展实施，促进与强化了学生对青少年社会工作项目服务运作流程及所需要能力的把握；使得学生对社会工作项目竞标、运作、评估等工作有了全面的了解认识，既有助于促进他们更为顺利地完成手头上的项目，也对他们将来从事社会工作一线服务较为容易地上手打下了坚实的基础。项目化运作机制的形成为学生参与项目服务学习、实践与研究提供了保障，既有利于培养学生的专业与科研的意识、兴趣和能力，又能够较好地促进社会工作专业创新创业教育结构体系的健全，使"双创"教育成为提升社会工作专业教学水平和创新能力的重要载体。

第三节　实施教师实务能力提升机制，增强教师专业水平

  由于社会工作事业在我国起步较晚，相应社会工作教育事业发展

也存在着明显的短板，其中专业教师社会工作实务能力普遍性不高就是一个较为突出的问题，大部分教师缺乏社会工作专业教育背景，先天的专业基础和实务能力不足，而入职后也较少有长期参与、进行一线社会工作服务的时间与机会，在岗进行社会工作实务培训的机会不多，即使有机会，时间也不长。而有早期社会工作教育背景的少部分教师，他们接受的往往也是西方社会工作理论与方法的教育，也没有受到专门的社会工作实务训练。专业教师实务水平普遍较低，成了阻碍青少年社会工作实务型人才培养的主要问题。就山青院社会工作师资初始状况来看，也存在以上问题，大部分教师都是由心理学、教育学、哲学等专业"转行"而来，缺乏系统的社会工作理论知识与实务技能，在实务教学部分大多数教师是大而化之的纸上谈兵，缺乏专业化的言传与示范、专业理论的现实转化能力；专业体验、专业自信与专业实操能力不足，进行有效的社会工作本土化理论探讨与实践存在较大的困难。基于青少年社会工作实务型人才培养的需要，我们提出了"学生实务能力培养必须教师先行"的理念，以多种方式提升教师的专业实务能力与实践水平。

一　不断进行专业培训，提高教师社会工作实务技能

针对教师专业实务能力先天不足的状况，全面部署，重点突破，着力培训培养。很大程度上，微观社会工作实务技能的构成离不开心理技术，教师也反映在社会工作实务技能教学中，感觉比较难以讲授、示范与学习的就是心理辅导技术。针对此种难题与状况，不断外派教师参加相关心理技术的社会工作实务技能培训。多名教师先后参加了萨提亚家庭治疗系统培训、焦点小组系统培训、理性情绪疗法培训、正向心理学培训。除了心理技术方面的培训外，还多次派出教师参加综合多样的社会工作实务能力培训，比如社区营造培训、历奇辅导培训等。通过实务技能的培训，教师的社会工作实务能力很大程度上得到增强，并能将培训成果积极应用于"家庭社会工作""青少年

社会工作""个案社会工作""小组社会工作"等专业课程的实践教学。在实践教学中，教师逐渐由较为陌生的实务技巧应用转向熟练地应用，由较为胆怯地应用转向了自信地应用，由教授实务知识与技巧的焦虑状态转向了坦然自如，教学活动也越来越具有实务的味道，越来越被学生认可与喜爱。

二 考取多样职业证书，打造"双师双能型"教师队伍

"双师双能型"教师队伍建设状况是评价高校应用型人才培养的重要指标，也是衡量教师实务能力水平的重要依据。就学校层面而言，鼓励教师通过考取相关职业资格证书、到相关部门单位挂职锻炼等方式获取"双师双能型"教师资格，并对取得"双师双能型"资格的教师发放津贴，以示进一步的认可支持。目前，本专业"双师双能型"教师比例达80%以上，教师们先后考取了社会工作师职业资格证书（中级）、心理咨询师证书（二级）、家庭教育指导师证书、律师职业资格证书等，甚至有三位教师通过了高级社会工作师首批考试的初试。

通过"双师双能型"教师队伍的建设，促进教师整体专业能力尤其是实务能力的提升，教师的专业素质结构得以较为均衡地发展，"司法社会工作""家庭社会工作""青少年社会工作""心理咨询与辅导""个案社会工作""小组社会工作"等课程的实践教学部分的专业性明显提升。

三 赋予专业实践岗位角色，切实提高实务能力

在不断加强"产学研"一体化、"校企合作"的基础上，专业教师与相关企事业单位的合作与联系也日趋加强，突出地表现为：选派社会工作专业教师去相关组织部门、社会工作机构任职，选派教师对社会工作机构承接的政府购买服务项目进行专业督导，以及承担相关方面的培训任务。这既可以发挥教师的专业优势，为相关组织、部门

业务方面提供理论与实务创新指导,又能够在相应的实践岗位上获取和丰富实务经验,提升专业实务能力。目前,本专业教师先后到省民政厅基层政权处、省社会组织管理局、省社会组织总会、山东省社区发展与社会工作研究中心、济南山青社会工作服务中心等进行挂职锻炼;本研究负责人直接担任山东省社区发展与社会工作研究中心主任、济南山青社会工作服务中心理事长,其他成员皆担任两个机构的理事、督导等职务,具有直接统筹运作社会服务组织、进行项目运行和管理的经验与能力;社会工作专业教师直接参与济南山青社会工作服务中心的几十个政府购买项目、共青团山东省委"青春同行·益暖齐鲁"贫困青少年关爱项目、山东省社区青少年社会工作服务示范工程项目的督导与评估工作;并承担了多个地市的社会工作培训、项目督导和评估等任务。

教师参与专业实践,不仅提高了他们的社会工作实务能力,而且强化了他们的专业服务反思意识,有利于将教学、科研与社会服务有机地结合在一起,形成专业能力提升的良性循环。如教师利用这些工作资源自编与参编本土化教材,编写高质量的教学案例,撰写社会工作实务研究论文,申报国家社科基金项目,指导学生的社会实践项目与专业服务项目。无论挂职、督导,还是培训、评估,都使专业教师产生一种强烈的自我发展压力,增强了他们投身专业服务、向实践学习、努力提升自我的发展心向。社会工作专业教师实务能力的提升,有效地影响了课程教学的应用性与本土化水平,提高了实践教学的质量,保证了学生实务能力培养的专业品质。

四 不断优化结构,构建专兼职结合的师资队伍

针对教师社会工作专业背景不足且年龄呈现老化的状况,近年来,大力引进具有社会工作专业背景的年轻教师,先后从北京大学、山东大学、上海大学等社会工作专业较强的知名高校引进了6名年轻教师。他们的到来,使得教师队伍的专业化、年轻化程度得到加强,整体上提升了课程教学活动的专业化、实务性水平。专业还从山东省社会工作协会、济南山青社会工作服务中心、历下山泉社会工作服务社、济南基金社会工作服务中心、济南积成社会工作服务中心等专业机构聘请了一线资深社工做兼职教师，积极开展"资深社工进课堂"活动，部分实践教学中实行一线社工与专业教师共同做指导教师的"双导师制"，这些举措深受学生欢迎。专业教师与作为兼职教师的一线社工联合编写、创作与青少年密切相关的教材、讲义、教学案例、社会工作服务项目等教学材料。在精选、精编课程内容的同时，确保课程内容与实务能力培养目标之间的有机匹配，保证用最适切的课程资源去完成相对应的实务能力训练。专业教师与兼职教师之间相互交流学习，取长补短，也在很大程度上提升了专业教师的实务能力。

五 加强科学研究，提高教师的实务问题研究能力

实务研究是社会工作专业教师科研活动的重要组成部分，实务研究能力也成为衡量教师实务素质与水平的重要指标。专业教师的科研工作能够为社会工作专业实践教学开展、为自办社会服务机构的创新发展提供持续不断的智力支持。近几年，以面向实践、服务教学为宗旨，加强教师对科研工作的重视与支持。要求专业教师围绕社会治理与社会工作服务热点问题，积极开展社会调查与社会研究，致力于解决目前社会工作事业发展与社会工作服务行业存在的突出性问题、紧迫性问题。代表性的科研项目包括"农村留守少年权益保护的社会工作服务研究"（国家社科基金项目）、"志愿服务标准体系建设研究"（民政部项目）、"'立德树人'根本任务的社会工作路径研究——基于'新青年'社会工作服务项目"（教育部项目）、"群团组织改革背景下共青团网络阵地建设"（共青团山东省委项目），等等。这些项目从性质来看，基本属于应用性选题，具有极强的社会应用价值，已有项目成果分别被民政部、教育部、共青团山东省委等相关部门借鉴

采纳。

在研究过程中，教师把研究、服务、教学有机结合起来，在深入基层、面向目标人群开展调研的过程中，切实了解经济社会发展的现实情况以及民众的现实需求，增强了教师探寻社会民生问题解决之道的社会责任感，尤其是关于留守儿童政策的发展脉络、发展阶段特点的分析，提出了有关留守儿童政策的合理性的建议，所发表的专业论文被《新华文摘》（网络版）全文转载，被中国人民大学书报资料中心多次全文转载；有关青少年政策问题、校园欺凌问题、青年自组织、"斜杠青年"等青少年问题与青少年文化的研究论文皆发表在CSSCI来源期刊上。这些论文皆是针对经济社会发展过程中的青少年及其问题的探讨，相关研究成果成为教师进行教学活动的重要内容与资源。对这些青少年前沿问题、热点与焦点问题的研究，既是教师理论应用实际的能力、实务研究能力提升的重要历练，又使得青少年社会工作实务型人才培养更具有针对性、现实性与前瞻性。教师将实务研究成果融入课程讲授、教材编写当中，如出版《青少年社会工作》《留守青少年自护手册》等实务教材与资料。教师科研工作的开展与实务能力、教学能力的提高，形成了相辅相成、相互促进的良性循环。

六 教学相长，促进教师实务能力的提升

为促进学生身心全面成长与专业实务能力的提高，社会工作专业实施了包括学业导师、实习指导教师、实践项目指导教师、学科竞赛指导教师、毕业论文指导教师等制度。要求教师指导学生专业实践的内容要突出实践性、专业性、实用性的特点，引导学生关注经济社会发展亟需解决的现实问题并开展相关的调研，关注最需要帮助的弱势群体并提供专业性的服务，关注自己身边大学生成长问题并以社会工作专业理论与方法加以解决。

学生导师制的实施，不仅能够发挥社会工作专业教师对学生的指

导作用，促进学生学业进步，而且也促进专业教师不只是关注课程教学，还要跟进学生的日常成长与专业实务能力的提升，为他们提供及时的专业性支持，使得教师教书育人的功能得到最大程度的发挥。在指导学生参加实习、实践活动、项目竞赛的过程中，要想能够有效指导学生、获得学生的认可，教师必须要对学生所遇到专业实务等各种问题有充分的预判、了解，对需要解决的现实问题必须能够从专业的角度进行较好把握，能够不断地澄清学生的思路、引导学生去很好地实现目标、完成任务。这其实就形成了一种对教师实务能力提升的"倒逼"机制，促使教师必须不断提升自己关注经济社会发展的现实和专业前沿发展问题的敏感度与能力，不断加强社会工作专业理论与实务的研究，不能只是做书斋中的教书匠，而是要真正投身于现实的经济社会发展、一线的社会工作服务，从中去体验、去感受、去研究、去尝试，身体力行地践行社会工作专业价值理念，积极参与到一线社会工作专业服务问题的解决之中，从而形成关注实务、关注研究、关注自我成长与学生成长而不断学习和提升的动力机制。

为了更好地激励教师投入到对学生的指导上来，特别建立了相应的激励制度，对教师指导学生的情况从工作量上予以核算，并作为考核、评优、晋级的主要参考标准。这保证了专业教师能够积极主动地去加强专业学习和锻炼，有效地开展实践教学。

除以上措施外，社会工作专业还通过"走出去、请进来"的方式，外派教师到北京大学、南京大学、复旦大学、香港理工大学等知名学府的社会工作专业进修访学、攻读学位；支持专业教师外出参加国内外学术会议，开展更广泛的学术交流。聘请国内外社会工作知名专家以报告、座谈等方式开阔教师的专业视野，对社会工作专业建设进行指导与专业论证；举办国内外学术研讨会的方式强化学术研讨氛围等。这些都为社会工作专业教师的专业能力提升尤其是实务与研究能力的提升提供了良好的资源条件。

第五章 青少年社会工作实务型人才培养模式的特色与成效

经过多年的探索与实践,青少年社会工作实务型人才培养模式才得以形成与完善,呈现出鲜明的学校特色和专业特色,体现出应用型人才培养的特征,具有明显的育人与服务社会的功效,产生了良好的社会效益。

第一节 模式特色

青少年社会工作实务型人才培养模式致力于通过社会工作专业教育教学和社会工作行业发展密切合作来培养社会工作实务能力突出的人才,在整个实施过程中呈现出鲜明的产教融合特色和真操实练特色。

一 产教融合特色

就应用型人才培养而言,其所对应的行业发展状况及相应人才需求是人才培养的立足点。在培养青少年社会工作实务型人才过程中,我们努力把握社会工作行业发展脉络与特点,基于一线社会工作服务机构不足的现实状况、广大青少年发展成长的服务需求以及社会工作发展教育先行的特点,审时度势,积极创造条件创办社会服务机构"济南山青社会工作服务中心""山东省社区发展与社会工作研究中心"等行业组织与机构，以此为载体，师生积极参与社会服务，实现专业教育教学活动与行业发展密切结合，把人才培养融入基层社区的社会工作专业服务之中，大力开拓青少年社会工作服务与研究领域，在服务社区青少年、留守青少年、流动青少年等群体的同时专业建设与实务型人才培养方面取得了积极成效，走出了一条专业发展与社会工作行业尤其是青少年社会工作同步发展、相互促进的产教融合道路。这也为社会工作实务型人才培养奠定了坚实的基础，提供了可持续性的支撑力量。

二　真操实练特色

强化实务能力培养是青少年社会工作实务型人才培养模式实施的出发点和落脚点。为此，在整个人才培养过程中，始终围绕社会工作实务训练开展课程教学活动，强化课程体系的实务导向。为保证实务训练有足够的课程、课时保证，改革社会工作专业人才培养方案，增加了实务科目与实习、实训课时；为保证实务训练能够有效落实，搭建与联通多种实践平台，构建了教学模拟服务社区、学生成长服务社区、青少年服务社区，课堂、课余、校外多样实践模式的开展有了充足的资源条件保障；为保证实务训练的现实成效，积极借助现代化教学手段与方法制作实务训练教学软件，创设虚拟仿真教学场景与情境；为保证实务训练的质量水平，通过强化实务训练的教学考核、评价力度，把实务能力作为学生学业评价的重要内容。通过以上改革举措，实务教学中真操实练的力度不断加大，水平不断提升，使得实务训练一以贯之、有序运行。

第二节　模式成效

青少年社会工作实务型人才培养模式的探索与实践，从根本上改革了传统社会工作人才培养的范式，以青少年社会工作实务能力提升

第五章　青少年社会工作实务型人才培养模式的特色与成效

为核心,拓展了人才培养的场域,增强了人才培养与社会工作行业发展的有机联动,打造了多层面、多维度的育人共同体,极大地提高了人才培养的质量,有效地促进了专业发展与社会工作事业的发展。

一　模式实施效果

青少年社会工作实务型人才培养模式的建构与探索,带来了人才培养过程中多种元素的有机变化,模式的实施产生了很好的实践效果。

（一）实务型人才培养取得实效

在实务型人才培养方面,无论是学生的学业表现还是就业状况都取得了较好成绩,专业的实务人才培养能力全面提升。

1. 实务型人才培养取得较好成绩

青少年社会工作实务型人才培养模式的探索,促进了社会工作专业的教学改革与研究,而改革取得的最直接的效果就是有效地促进了社会工作专业学生的实务能力培养与对口就业。自济南山青社会工作服务中心成立至今,总拥有的专业社会工作者近120名,其中83%为本校毕业生,后来有将近20名社会工作者考取了社区工作者,多名社会工作者回家乡自办社会工作机构,很多毕业生成为所在单位的骨干,成为行业的领军人才。如孙浩、徐莉等同学获评"齐鲁和谐使者",王卓、马乃超、郭凯、徐莉等同学实现了公益创业。毕业生深受用人单位的好评,出现了社会服务领域中"山青社工"的品牌效应。

近年来,社会工作专业正式就业率持续上升。实务型人才培养模式的施行,极大地提高了学生的学业成绩与硕士研究生面试成绩,学生在社会工作服务实践中较好地将专业理论知识得以应用与内化,社会工作专业本科毕业生考研率一直在全校所有本科专业中排名第一位,位居全省甚至全国社会工作专业学生考研率前列。自2016届开始,连续三年毕业生考研率平均达到了42.6%,且全部为社会工作专业硕士研究生（MSW），约一半以上的学生考取复旦大学、南京大学等"211""985"高校，各高校对山青院社会工作专业学生皆有好评，认为"山青"学生有情怀、有担当、有较强的实务能力，尤其是一些自办社会工作专业机构的老师对本专业学生赞誉有加。连年来，社会工作专业主干课程的及格率均在94.5%以上，部分课程的及格率达到100%，各科成绩符合正态分布的要求。教学效果能够达到教学大纲的目标要求，学生能够掌握专业课程的基本理论、基本知识和基本技能。学生社团"晨之曦"社工协会、"启明星"志愿服务社等5个服务项目入选国家级资助公益服务项目。学生获全国大学生政协提案大赛总冠军、全国社会工作大学生论坛优秀论文二等奖、三等奖、山东省挑战杯大学生竞赛一等奖、山东省高校大学生朋辈心理辅导技能大赛一等奖、山东省经济社会综合调查一等奖等重要奖项多项。

社会工作专业师生积极利用专业优势，依托"新青年"高校社会工作服务项目，开展全校性的社会工作服务。如新生适应小组活动、心理健康月、朋辈辅导、志愿服务活动指导、个案辅导与管理等全校性辅导与服务工作，有效地促进了全校学生的健康成长，创新了学校思想政治教育的范式，彰显了社会工作服务的隐性思想政治教育功能效果，受到全校师生的好评。

2. 实务型人才培养的能力全面提升

实务型人才培养的关键与核心是，通过产教研的结合强化实践教育教学，提升专业人才培养的能力。随着济南山青社会工作服务中心等呈滚雪球式发展，与社会工作专业教育充分联动格局的逐步形成，社会工作专业实务型人才的培养能力全面得以提升，培养实力不断丰富。

（1）拥有保障学生实务能力训练的坚实平台与服务项目

从社会工作实务能力训练的保障方面来看，仅济南山青社会工作服务中心自成立以来，共承接政府购买服务项目167个，项目资金数额总计23320826.4元，服务范围覆盖济南市街道办事处35个，项目

第五章 青少年社会工作实务型人才培养模式的特色与成效

所在站点数47个，平均每年安排社会工作专业实习生200余人，志愿者人数约3000人次，已为121名毕业生提供了就业岗位。机构不仅是本校社会工作专业学生的实习基地，而且也是山东大学、山东财经大学、济南大学、山东建筑大学等高校的实习基地。在留守青少年权益保护、贫困青少年关爱、流动青少年城市融入、青少年课业辅导、环卫工人子女关爱、青春伴老志愿服务等多个青少年服务领域给学生提供多方面的实务锻炼机会。

（2）形成了环节完备的专业实习系统

从社会工作实务能力培养的环节方面来看，社会工作专业能够协同专业机构、实践基地等组织，依据社会工作专业实务型人才培养模式的实践教学要求，从学生入学到毕业的整个过程，对学生实习的不同阶段、环节都提供专业性资源和人员支持。如，在第一学年尤其是开学初，教师经常性地组织学生进行认知实习，包括参观机构及相应的服务项目，邀请机构社会工作者作经验分享与实务报告，帮助学生全面了解社会工作服务情况，感悟社会工作的助人精神和社会价值，从而使学生更好地明确学习目标，端正学习态度，增强他们的专业认同感；充分利用寒、暑假的时间，组织学生以志愿者身份到社工机构以及与机构有密切合作关系的共青团基层组织、社区居委会进行专业实习。在跟随、协助一线社工乃至独立顶岗进行社会工作服务的过程中，他们逐步熟悉社会工作服务过程、了解社会工作服务方法、锻炼社会工作服务能力；在第四学年开展的毕业实习过程中，鼓励学生积极在机构实习中寻找毕业论文的题目，实现论文的真题真做，并给他们提供合适的就业岗位以及其他相关的就业机会。可以说，通过专业机构等平台，使实践服务很好地贯穿于专业教育过程始终，见习、协助服务、顶岗服务等实务能力训练环节被有机地连接在一起，保证了实务能力培养的实践性、完整性、系统性。

（3）"真操实练"的服务学习方式得以强化

从社会工作实务能力训练的方法方面看，实行"真学真练"的服务学习方式。通过对服务对象的亲身接触、需求评估、关系建立、服务开展及成效评估等一系列现实的服务活动，切实使学生在现实服务中理解知识、运用知识、掌握知识，并形成相应的实务能力，其成效是教室里的案例教学、实验室里的情境模拟所不能达到的。为保证"真操实练"服务学习的扎实开展，实行实习实践指导的"双导师制"，由专业教师与机构的项目社会工作者共同督导学生的"真操实练"情况；实行严格的自我反思制度，要求学生通过认真撰写实习日志、周志、月志等形式，对"真操实练"情况进行自我反思，从而很好地体现了实务能力训练的教育与自我教育相结合原则。实行能力提升的评估激励机制，根据学生实务能力表现情况划定等级，纳入到学生学年综合考评成绩与学业成绩单中；根据因材施教原则，针对实务能力基础较好、服务心向强的学生，增加了专门在服务社区现场教学的青少年社会工作开放性实验项目课程，以更好地淬炼这部分学生的实务能力，使其向高阶水平发展。该课程采用进入实地的集中讨论与实地走访相结合的教学过程，由教师带领学生共同进入实践场域。在社区探访过程中，践行尊重、平等、接纳的价值原则；在需求评估的过程中，感受个别化原则；在项目设计过程中，进一步强化社会主义核心价值观，引导学生在体验式实践过程中感受价值引领，有效进行自我价值观的体验与探索。

（二）教师团队专业能力得以提升

青少年社会工作实务型人才培养要求教师队伍必须具有较强的实务能力。通过青少年社会工作实务型人才培养模式的探索与实践，建构了一支"双师双能"型占83%的教师团队，教师在社会工作行业具有较大的专业影响与社会知名度。教师中获得中级社会工作师7人，二级心理咨询师3人。担任民办非企业理事长2人、副理事长1人、总干事2人、副总干事2人。享受国务院政府特殊津贴专家1人，全国专业社会工作领军人才2人，齐鲁和谐使者4人次，2014年度中国优秀社工人物1人。山东省高校重点学科首席专家1人，山东

第五章 青少年社会工作实务型人才培养模式的特色与成效

省级教学名师1人。民政部社区治理青年专家1人，中国社会工作学会社区社会工作专业委员会常务副主任1人、秘书长1人，中国社会工作教育协会学校与青少年社会工作专业委员会副主任1人、常务理事1人，共青团中央"青年之声"成长服务联盟专家团成员1人，山东省人大社会建设委员会顾问1人，山东省社会工作协会副会长1人，山东省社会工作协会专家指导委员会副主任、教育委员会副主任1人、青少年社会工作专业委员会主任1人，山东省社会学本科教学指导委员会委员1人，山东省青年志愿者协会理事会监事1人，共青团济南市委副书记（兼职）、共青团十八大代表1人。教学团队中有7人为山东省社会工作专家库成员。社会工作专业教师团队荣获山东省黄大年式教师团队。

有6名社会工作专业教师成为其他高校社会工作专业硕士研究生导师，其中1人聘为山东大学哲学与社会发展学院兼职教授、博士生导师，3人聘为青岛大学社会工作专业硕士研究生导师，1人聘为内蒙古工业大学社会工作专业硕士研究生导师，1人聘为山东师范大学心理学专业硕士研究生导师；目前共指导19名社会工作专业硕士研究生、1名心理学硕士研究生。

在青少年社会工作实务型人才培养模式的探索与研究过程中，随着自办社会服务机构的发展，教师的社会工作专业实务能力得到提升，由此而衍生出的实务研究也取得了较好的发展，教师科研能力得到较好的提升。近5年，教师主持国家社科基金一般项目1项、青年项目1项，国家自然科学基金中外合作项目1项，省部级项目9项；公开发表科研论文79篇，其中CSSCI来源期刊21篇、SSCI期刊2篇，被《新华文摘》（网络版）全文转载1篇，《新华文摘》论点摘编2篇，中国人民大学书报资料中心全文转载11篇；获得省厅级奖励9项。代表性的科研项目有："农村留守少年权益保护的社会工作服务研究"（国家社科基金项目）、"志愿服务标准体系建设研究"（民政部项目）、"'立德树人'根本任务的社会工作路径研究——基于'新青年'社会工作服务项目"（教育部项目）等。这些项目的选题直接来源于机构所承担的服务项目，或者从实务项目研究中发现的问题。

青少年社会工作实务型人才培养模式的运行，使得社会工作的专业优势得以充分体现，形成了对校内、校外的有力智力支持。社会工作专业教师利用专业优势，开展了全校新教师入职培训、辅导员培训工作，指导新入职教职工制定实施科学的职业发展规划，传授辅导员沟通交流、重点学生管理的方法技巧，有效地促进了新教师与辅导员的成长。社会工作专业理论与方法有效融入学生思想政治教育，学校成功申报了以提升辅导员社会工作专业能力为目标的省级"温永慧工作室"，形成了与"新青年"高校社会工作项目的有机联动，极大地提升了山青院辅导员的社会工作专业化水平。山青院党委副书记高峰以《高校社会工作发展的路径选择——基于山东青年政治学院的实践》为题，在第七届国际学校社会工作研讨会上作分享报告，获得与会专家的好评。有关高校社会工作服务创新思想政治教育范式的研究成果，发表在 CSSCI 来源期刊 3 篇、北大中文核心期刊 2 篇、普通期刊 6 篇。

对外服务方面，依托"山东省社区发展与社会工作研究中心"等进行了齐鲁和谐使者、山东省社区骨干社会工作人才培训、山东省"社会工作者城乡社区治理能力建设"高级研修班、"牵手计划"社会公益培训活动等专业培训；组织、参与的调研包括省民政厅的全省社区治理调研，共青团山东省委的"山东省扶持引导青年社会组织健康有序发展情况"、全省"希望工程"学校发展状况大调研，山东省社会科学院省情研究院的山东省经济社会调查与生活质量调查等调研项目；参与了国家"青少年社会工作标准""儿童社会工作标准"的制定，承接与开发了地方标准"山东政府购买社会工作服务指南"；开发了齐鲁和谐使者首次评选指标体系、山东省社区治理创新实验区初次综合评估指标体系、山东省社区青少年社会工作示范工程督导与

第五章 青少年社会工作实务型人才培养模式的特色与成效

评估指标体系、山东省青年志愿服务标准化建设指标体系等；为东营市、威海市、泰安市、菏泽市、滨州市、潍坊市、日照市等提供督导、评估、和谐使者评选等专业性支持；为山东省社会组织管理局提供"双百扶贫"的专业支持。这些支持极大地促进了山东省社会工作事业的发展，也提升了师生服务行业的能力。

（三）专业建设取得好成绩

社会工作专业的课程体系更加完备。青少年社会工作实务型人才培养模式的探索，主要是通过自办社会服务机构"济南山青社会工作服务中心""山东省社区发展与社会工作研究中心"等的资源支持，以及对一线社会工作者素质技能要求的了解，不断对社会工作专业课程体系进行调整、丰富，构建了以个案社会工作、小组社会工作、社区社会工作、社会工作行政四大方法课程的方法训练为基础，以青少年社会工作课程为具体综融应用的省级精品课程群。目前社会工作专业已形成了理论课程、实践课程相支持，必修课程与选修课程相匹配的专业特色鲜明的课程体系。

社会工作专业的实践教学更加完善。通过济南山青社会工作服务中心等实践平台的支持，专业实践教学的场地、时间、内容等方面保障充足，实践教学的开展扎实有效。

师资力量的专业性较为凸显。通过服务机构的支持，充分地实现了一线社工进课堂，双师双能型师资队伍建设良好。实务型人才培养机制日趋丰富。通过济南山青社会工作服务中心及一线社工的实习与督导资源，突破了传统的单一的依靠课堂、依靠学校、依靠教师来进行人才培养的模式，形成了学校、机构、社区、社会共同参与的社会工作实务型人才培养的多元主体参与格局与多样机制。

社会工作专业人才质量不断提高。济南山青社会工作服务中心等社会工作服务实体的高速发展，为实务型人才培养起到了强大的牵引、拉动与保障的作用，使得社会工作专业教育、实务型人才培养有了更为明确的市场服务导向和坚实的训练平台。通过在专业社会工作

青少年社会工作实务型人才培养模式研究

机构的实践教育与锻炼，学生的实务能力显著增强，很多同学都申报、获批了多种类型的社会工作服务项目，毕业生也深受用人单位青睐。专业招生第一志愿报考率高达91%，位居全国同专业前列。

在人才培养过程中，山青院社会工作专业社会知名度日益提高，社会贡献日益突出。几年来，积极发挥山青院在青少年社会工作教育与研究等方面的长期优势，针对目前存在的诸多青少年问题以及广大家长、家庭、社区的现实需求，以青少年为主要服务对象，同时兼顾其他社会群体，积极开展丰富多彩、行之有效的专业化项目活动，形成了人才、智力、项目相互支持的产学研一体化发展格局，有效解决了青少年发展成长中的诸多问题，积极回应了基层社区居民的诉求关切，受到了服务对象与广大居民的好评，赢得了良好的社会声誉。与目前有些学校的社会工作专业办学不景气、不受重视甚至停止招生相比，正是政治与公共管理学院社会工作专业能够争取支持、整合资源、审时度势、逆境下求生存、抢抓发展机遇，才形成了当下良好的办学氛围，社会工作专业显现了蓬勃的发展前景，进一步巩固了山青院社会工作专业青少年社会工作服务与研究方面的全省领先地位。

青少年社会工作实务型人才培养模式的探索，有力地推动了社会工作专业的总体发展，专业建设取得了很好的成绩。2011年社会工作专业获评"十二五"省级本科特色专业的基础上，2015年评为山东省级A类专业，2016年获评"十三五"山东省高水平应用型培育计划立项建设社会工作专业（群），是全省唯一获得省财政奖补资金的社会工作专业（群），社会工作专业为专业群的核心专业。"青少年社会工作""个案社会工作""小组社会工作""社区社会工作""社会工作行政"获省级精品课程，社会工作专业于2019年获评山东省级一流专业，"青少年社会工作"课程于2020年获省级一流线下课程。围绕专业教学改革申报的课题获省级教学改革重点项目1项，一般项目2项。主编《青少年社会工作》等教材5部。省级在线开放课程4门。2015年评为山东省青少年社会工作人才培训基地，2016年

第五章 青少年社会工作实务型人才培养模式的特色与成效

获评首批全国青少年事务社会工作专业人才培训基地（全国共10家），首批全省社会工作专业人才培训基地，获山东省青少年维权岗。专业当选中国社会工作教育协会常务理事单位，中国社会工作教育协会学校与青少年社会工作专业委员会副主任单位，中国社会工作学会社区社会工作专业委员会常务副主任单位、秘书长单位，山东省社会工作协会副会长单位。以本研究项目负责人主持申报的教学成果"基于'大社区'平台'实务型'社会工作人才培养模式探索与实践"获第八届山东省高等教育教学成果一等奖。

（四）社会服务效果显著

为助力山东省基层社会治理与社会工作事业的发展，济南山青社会工作服务中心相继在济南市历下区千佛山街道、建筑新村街道、甸柳新村街道、龙洞街道、泉城路街道、姚家街道、智远街道，市中区舜玉路街道、杆石桥街道、二七街道、大观园街道、魏家庄街道、六里山街道，历城区唐冶街道等26个社区相继开展"花young年华·青春启航""花young年华·家校护航""花young年华·青春之桥""花young年华·青年之声""泉彩青春梦""泉young友谊""历下名士汇""青春伴老志愿服务"等青少年社会工作服务项目、"益网情深跟党走"区域化党建服务项目、"社区家友站"弱势家庭综合支援社会工作服务项目、"名郡伙伴"社区社会组织品质发展项目、"暖·夕阳"城市空巢老人家庭情感支持社会工作服务项目，形成覆盖城市青少年、流动青少年、老年人、社区社会组织、社区党建、楼宇党建、志愿服务支持等社会工作专业服务领域的服务体系，以专业服务视角关注社区居民多元化需求，在获得省级、市级多荣誉奖项的同时，将社会工作的专业价值理念与专业方法带入社区建设，增进社区居民福祉，助力社区创新发展与和谐构建。

"济南山青社会工作服务中心"获评全国百强社会工作机构、全国社会工作示范单位、5A社会组织、山东省优秀社工机构。连续两年获得中央财政支持社会组织社会工作示范项目，2项目评为全国青少年社会工作示范项目，1项目评为全国最有社会影响的青少年社会工作项目，2项目获得山东省社区社会工作服务项目大赛金奖，2项目获得山东省优秀社会工作服务项目，全省社区青少年社会工作示范项目点6个，全省青年志愿者优秀项目5个。评为全国青少年事务社会工作人才实训基地（全国共25处）、全国预防青少年犯罪研究基地（全国共16处），青岛大学MSW联合培养基地。"山东省社区发展与社会工作研究中心"为山东省社区治理与社会工作发展提供政策调研、人才培养、标准化研发与评估服务，成为山东省民政厅社会工作服务智库，获评全省社会组织创新示范点（人才队伍建设类）。

（五）专业社会影响彰显

先后有南澳老年保健及教育代表团、鲁东大学、山东工商学院、大连科技学院、聊城大学东昌学院、山东建筑大学、青岛科技大学等高校来考察学习专业建设。

共青团中央书记处书记徐丰，团省委书记张涛、陈必昌等多名领导同志到青少年社会工作社区项目点调研与视察工作；中国社会工作联合会、中国社会工作教育协会等多名知名专家到济南山青社会工作服务中心指导工作；江苏、山东等多个街道社区、社会组织到项目所在地社区学习经验。

先后主办华人社会"社会管理创新与青少年社会工作论坛"、社会工作价值与伦理研讨会、社会工作与社区治理协同发展研讨会等高规格国际、国内学术会议。多次会议被《光明日报》报道。

专业合作应用方面，承接山东省民政厅有关培训、标准制定、调研、社会工作示范项目等，承接共青团山东省委山东省12355青少年公共服务台和网络新媒体技术中心"青年之声"服务，有力地推动了山东省社会工作事业的发展和山东省青少年权益维护。与山东省人民检察院未成年人刑事检察处就在全省未成年人刑事检察系统开展司法社会工作的合作与试点进行交流，为社会工作专业开辟了新的实务领域，助力我省未成年人犯罪预防与权益保护工作。整合国网技术学

第五章 青少年社会工作实务型人才培养模式的特色与成效

院志愿服务资源落地济南山青社会工作服务中心建新街道项目地，更好地发挥企业、团校与社区共同育人功能，探索创新性人才培养模式。与共青团临沂市兰山区委签署社会工作战略合作协议，全面深化双方在社会工作专业服务机构的孵化培育、青少年事务社会工作人才的交流培养以及青少年社会工作服务项目的研发推进。成为夏津县人民法院司法社工服务中心项目的专业支持方，该平台是山东省法院系统首个司法社会工作服务平台，也是法律及社会工作专业资源整合、协同发展、远程指导培训的首个司法社会工作服务平台。与莱芜市民政局、东平县民政局、淄博市桓台县民政局建立战略合作关系，为东营市民政局、威海市民政局、滨州市民政局、潍坊市民政局、济宁市民政局、泰安市民政局、德州市民政局、日照市民政局、烟台市民政局提供社会工作资格证书考前辅导、购买社会工作服务、社会工作督导与评估、和谐使者评选、社会组织孵化等提供支持。

二 研究成果的推广应用

本研究的阶段性成果"基于'大社区'平台的'实务型'社会工作人才培养模式探索与实践"获第八届山东省高等学校教学成果一等奖，阶段性成果"深入基层社区，强化实践运用：中国特色社会工作本科专业人才培养模式的研究与实践"获山东青年政治学院教学成果一等奖，阶段性成果"社会工作专业价值观教育存在的问题与应对"获山东省青年政治学院优秀教研论文一等奖。

成果在山东青年政治学院推广应用，师生受益。基于青少年社会工作实务型人才培养模式，社会工作专业受益学生共7届518人。山青院依托社会工作专业师生2015年6月设立的"'新青年'高校社会工作服务项目"，以社会工作专业理念与方法创新大学生思想政治教育范式，通过全面开展新生大学适应、学业生涯规划、社团骨干训练营、个案管理等，形成学生自我成长与交互支持成长的良好校园氛围，校内受益学生15086人次。利用专业师资开展新教师入职培训、辅导员培训受益 763 人次。同时，项目实施中通过专业社会工作服务，直接受益对象即社区居民，共计 183042 人次；志愿者参与 6151 人次，总服务时间 9641 小时。

　　山东财经大学、齐鲁师范学院、山东管理学院社会工作专业教师在教学过程中采用了该成果的"分组教学模式"，将学生的理论学习与实务学习有效结合，很好地培养了学生的主体学习意识与能力，使得学生的语言表达能力、活动组织能力、团结协作能力等有了很大程度的提高。三所学校的社会工作专业学生通过在济南山青社会工作服务中心的实习，实现了社会工作服务的真操实练，学生的社会工作实务能力得到了明显的提升，为学生专业对口就业打下了良好的基础。同时，"青少年社会工作""小组社会工作""社区社会工作"等省级在线开放课程也被多所高校所共享，如智慧树（山东联盟）在线的"青少年社会工作"慕课被 29 所高校选用。

第六章　青少年社会工作实务型人才培养模式研究总结

青少年社会工作实务型人才培养模式的探索与研究，尽管在人才培养、专业建设、科学研究与社会服务等方面取得了较好的成绩，但是随着经济社会的快速发展，新时代社会主要矛盾的变化，如何将社会工作实务型人才培养与基层社会治理创新有机地结合起来，使得社会工作专业具有培养较高素质实务型人才的能力与回应共建共治共享社会治理格局新要求的能力，从而满足人们日益增长的对美好生活的向往，需要我们继续秉持社会工作专业价值理念，保持社会工作专业所具有的反思意识与能力，进一步加强社会工作实务型人才培养模式的社会适应性，从而保持立足现实、与时俱进的品质。反思青少年社会工作实务型人才培养模式的研究，还存在亟待加强的方面，正确认识、分析这些方面并针对性解决相关问题，对社会工作实务型人才培养质量的提升、培养模式的深化有着重要意义。

第一节　实务型人才培养的认识需要进一步提高

尽管本项目组一直开展实务型人才培养的改革与实践探索，对青少年社会工作实务型人才培养模式进行了建构，也取得了一定的成绩，但是思想认识问题仍然是模式落实与创新的重点问题，尤其随着教育综合改革的进一步深入，产教融合政策的推行，需要与时俱进地调整思路，提高认识。

一　实务型人才培养改革创新的认识壁垒

实务型人才培养的改革与创新是高等教育服务经济社会发展的必然要求，是高等教育改革的核心要义，是应用型人才培养的必然路径选择，但是由于受过去传统教学模式的影响过深，部分教师与学生对改革与创新还存在一定程度上的不适应，甚至是不接受，具体表现为：

个别教师在思想上对实务型人才培养模式的价值、意义认识还不够充分，在具体的教学实践中还存在一定的排斥心理与为难情绪，有的甚至在分组教学和学生的专业实践项目指导上流于形式，这在一定程度上影响了实务型人才培养模式效果的认定与教学改革的推进。不少学生往往受长期应试教育的影响，习惯于被动式地接受教师知识的传授、重点内容的划定等，在进行分组教学的初期往往会表现出被动与不知所措的情形，如果再加上个别教师翻转课堂能力或者对实务型人才培养理念的欠缺，可能会直接影响实务型人才培养模式的运行与实效；当然，如果教师具有较强的实务型人才培养的理念与较强的翻转课堂的能力，会对社会工作实务型人才培养模式的建构与完善起到很好的促进作用。也正是因为实务型人才培养理念的缺乏，个别教师对社会工作服务项目的督导流于形式，不能主动地、积极地了解项目社会工作者所面临的困境，更缺乏从研究的视角去深度探析现实社会工作服务所存在的问题，还没有真正将督导、教学与研究有机地结合在一起。这种探究式的督导还需要进一步强化与推进，但前提是对社会工作实务型人才培养理念的认同与践行。

二　进一步加强实务型人才培养的正确认识

观念的改变一定是行为改变的前提，下一步项目组将充分发挥思想的先导作用，进一步结合社会工作专业实务型人才培养的现实成效做好相关的宣传教育工作，比如进行实务型人才培养的专题讲座，强化师生在实务型人才培养方面的科学理念；树立在实务型人才培养、社会工作实务践行方面的榜样，通过榜样的示范、感染作用，提升师生积极参与社会工作实务型人才培养的自觉主动意识；加强与丰富专业教育教学活动，强化与社会工作服务机构、基层社区的交往活动，通过师生对社会工作一线服务情况的考察、参观，增强师生对社会工作实务重要性的现实感悟。通过这些举措，让师生更多地认识理解社会工作实务型人才培养对自己成长成才的重要性，对社会工作专业更好服务于基层社区治理的重要性，从而能够积极地投身到现实的社会工作服务实践之中，将所学到的理论与方法更好地应用于实践，在实践中提升自己的专业实务能力。

通过强化实务导向的教学评价机制，来"倒逼"师生反思自身在实务能力方面的不足，增强改进意识。比如，针对教师的评价，把教师自身实务素养作为评价教师素质的重要标准，把实务教学改革实施举措、对学生进行实务能力培养的成效作为考评教师教学业绩的重要方面；针对学生的评价，加大实务能力测评在平时作业、课程考试中的比重，把学生参与社区服务、志愿活动、创新创业竞赛等作为综合测评的重要组成部分。通过这样的教学评价机制的建立实施，使师生能够切实感受到实务型人才培养关系个人利益与发展，产生一种与实务疏离就面临落后、甚至是被淘汰的压力感，从而促进自身加强对实务型人才培养的认识与实践。

第二节　实务型人才培养的条件建设需要进一步加强

目前社会工作专业实务型人才培养所需的资金、人力、软件环境等方面，具有"十三五"山东省高水平应用型人才培养社会工作专业（群）的省财政奖补资金的支持，所需要实习的基层社区社会工作项目点也有政府购买服务资金的支持，所以在青少年社会工作实务型人才培养模式探索与建构中提供了较好的条件支持，使得教学改革与研究进展得较为顺利，也取得了较好的实效，但是仍然存在需要进一步改进与提高的现实问题。

一 实务型人才培养条件建设方面存在的问题

随着经济社会的快速发展，社会工作实验室现有软件支撑的不适应性也开始显现，尤其是社会工作实务型人才培养目标转向所要求的符合基层社会治理的相关案例库与虚拟仿真实验项目，成为社会工作实务型人才培养需要进一步解决的实验教学条件。这些教学条件，有的需要进一步通过购买的方式引进，有的因为市场上也没有而需要社会工作专业教师自主研发。但从目前来看，社会工作专业教师队伍整体的研发能力并不强，师资队伍结构不十分合理，35岁以下的教师无博士学位，个别教师还存在着不愿意到社会工作服务一线、社会工作实务能力亟待提高的现实问题。所以，进一步研发教学软件，尤其是模拟仿真实验项目的开发，需要教师对一线的社会工作服务、对多元主体参与的社区治理体系有着直接的感性认识，与一线社会工作者、街道社区工作人员之间进行密切合作才有可能实现。同时，随着移动互联网的快速发展，尽管已在部分课程中尝试"线上+线下"混合式教学，但是网络教学资源的建设仍需进一步加强。

二 加强实务型人才培养条件建设的思路

从人才培养的长期性、持续性、稳固性、提升性角度来看，有关社会工作实务型人才培养模式运行所需要的条件支持需要不断与时俱进，不断加强标准化、信息化、体系化建设，形成对实务型人才培养的有力支撑与支持。

加强社会工作实验室硬件建设。继续按照高标准、规范性的要求强化社会工作实验室建设，根据学生数量增长情况、信息技术更新换代情况来创造条件、寻求支持，不断扩大实验室建设规模，完善实验室设施，增强实验室功能，为学生进行社会工作实务训练提供优越的场所与条件。

加强社会工作实验室软件建设。要积极适应并跟上信息技术与教育教学活动深度融合的改革步伐，积极运用信息技术手段，依托现代化教学设施平台，以开发社会工作实务训练相关的虚拟仿真实验项目为抓手，进行实验项目开发与实验教学设计、案例编写与案例库创建、实验成效电子评估系统建设，全方位推进社会工作实务训练的软件建设，进一步丰富网络教学资源的建设，助力教学模拟服务社区的构建。为此，需要教师不断提升自己的专业理论水平、实务能力与研究开发能力，实现社会工作实务训练软件的不断研发与创生。

加大校外实践教学基地建设。要在深化产教融合的过程中，加强社会工作专业社会服务方面的力度，不断创生与积累业缘，为社会工作实务型人才培养工作建立更多的教学实践、实习基地，吸纳富有经验的实践教学指导教师。在校外实践基地建设过程中，要与基地提供方建立合作共赢关系，不断提升实践基地的教学服务能力，使基地能够持续、高效建设运行，为学生实践、实习提供有力保障。

第三节 实务型人才培养质量评价需要进一步精准细化

对人才培养的质量评价是社会工作实务型人才培养的关键环节，起着评估、监测、规范、调整人才培养过程与模式的重要作用，但实务型人才培养的质量评价，需要根据实际建构评价的维度与指标体系，才能发挥评价的导向作用，巩固实务型人才培养模式的成效。

一 实务型人才培养质量的评价体系不完善

青少年社会工作实务型人才培养评价体系的建构是基于实务型人才培养目标，而青少年社会工作实务型人才培养目标是依据对现实社会工作岗位胜任力的要求来确定的。显然对人才培养质量的评价是一个多维度的评价,包括对教育目标、课程体系、人才培养的过程与培养的效果等的评价,而有关青少年社会工作实务型人才培养质量的评价指标体系还处于不断建构的过程中,不同方面的评价还处于分散状态,这是研究的不足与缺憾。不过,通过以上具体的研究,对社会工作实务型人才培养质量评价体系的构建,我们已经开始了实践层面的探索,指标体系方面的维度的设计已经形成,有待于进一步细化。

二 实务型人才培养质量评价体系的建构设想

人才培养质量评价体系共包含三大部分,同时也是三个维度,一是培养目标、定位与方案,二是培养过程,三是培养成效。

就青少年社会工作实务型人才培养而言,其培养目标、定位与方案要看其是否对人才培养起到指导作用,是否突出应用性,是否聚焦对青少年社会工作者现实服务素质与能力的培养,是否能够做到精准细化。在这方面,还需要进一步结合当前乃至今后一段时间青少年发展状况、青少年社会工作服务状况来更为精准、细致地厘定青少年社会工作实务型人才培养目标,更为清晰地定位青少年社会工作实务型人才培养质量规格,使培养目标的评价能够更为可操作化地实现,从而更好地发挥人才培养目标与方案对人才培养活动的牵引作用。

培养过程评价,主要是针对培养过程的日常管理与运作,即对人才培养质量保障体系的跟踪与监控。就青少年社会工作实务型人才培养而言,培养过程评价需要进一步突出青少年社会工作实习实践时间的充足性和持续性,实习实践方式、路径的多元性和有效性,实习实践过程中相应专业督导的保证以及相关物质资源的保证。要根据青少年社会工作实务型人才培养的渐进性、阶段性特征来有机安排评价的时间、次数以及评价要求、指标。

培养成效方面评价,要聚焦社会工作实务型人才培养的质量是否达到预期目标,主要在于对人才培养所产生的成果、社会性影响的衡量,以及人才培养质量效果的评价。就青少年社会工作实务型人才培

第六章　青少年社会工作实务型人才培养模式研究总结

养而言，培养成效评价要加强毕业生持续性跟踪评估机制，在培养人才是否胜任、是否热爱青少年社会工作岗位，是否对地方青少年社会工作服务产生积极影响方面获得应有反馈。

建构的三维一体、动态性社会工作应用型人才培养质量评价体系只是第一步，还需要根据目标要求进行相应的权重划分，注意评价过程的客观性，而且在运用的过程之中，需要不断地修改与完善。所以，目前所做出的社会工作人才培养质量评价体系还并不成熟，只是一个基础，或者一个框架，还需要团队成员在日后的人才培养实践中不断研究、不断完善。

附 录

附录1 社会工作专业学生开展的个案工作举例

留守初中新生学校适应不良个案工作

山青院2013级社会工作专业学生 李远翔

父母外出务工,如果监护方式不当、亲子关系不佳,留守青少年在社会适应等方面容易出现不良问题。本咨询案例的对象为一名留守初中新生,其自入学以来出现生活、学习等方面的不习惯、不适应,情绪低落、抑郁,同时伴有肠胃疼痛等躯体症状,不愿在学校学习生活。经诊断,为一般心理问题。通过采取针对性的现实疗法,同时辅之以行为疗法进行咨询辅导,该名学生不良情绪、不良身体反应基本消失,对学校学习、生活的适应程度明显提高。

一 个案资料

(一) 一般资料

1. 人口学资料:姜某,男,14岁。初一新生,独生子,体态中等,无不良嗜好,无家族精神病史,性格内向,比较敏感。

2. 家庭资料:母亲在家务农,父亲外地务工偶尔回家,家庭经济状况尚可。

3. 生活状况:由走读变成住校,由在家备受父母照顾转为独立生活。

（二）个人成长史资料

从小到大一直小病不断，上初中之前没有学校住宿的经验，生活方面一切由父母料理，记忆较为深刻的是五年级暑假期间遭受意外致使腿部骨折，治疗、休养一段时间后康复，父母对其照顾得更加周到细致。

（三）精神、身体、社会等状态

精神状态：情绪低迷，眼圈泛红，感觉身体不适。

身体状态：近一个月之内出现头疼、腹痛、胸闷等身体不适症状，曾去医院检查，未查出躯体疾病；五年级时摔落导致骨折，休养后康复。

社会活动状态：与同宿舍同学关系紧张，很少和他们交往；每个星期都要回家待两三天，对学习和生活产生了一定影响；家庭较为和睦，和父亲关系更为亲近。

二　主诉和个人陈诉

（一）主诉

人际关系紧张，躯体化症状严重，不适应新学校的环境。

（二）个人陈诉

现在就是胃痛得难受，想给父母打电话接我回家，一点也不想在学校呆下去了，不知道怎么办才好。自军训结束之后，学习生活也不愉快，座位周围都是女生，和她们没有什么能说的。感觉和宿舍同学聊天没什么意思，小学熟识的同学在这上学的只有 2 个人。

三　观察和他人反映

1. 社工观察

姜某第一次求助没有直接说明缘由，是采用借用手机的间接方式，自称胃痛想给家里打电话。一只手紧紧捂住腹部，低着头眉头紧锁，眼圈泛红，说话时不时落泪，步子比较缓慢沉重。

2. 重要他人的反映

父亲在外地不了解具体的情况，称最近孩子老是生病，去医院检查也没有什么事，回家往往就没事了，也不知道怎么办；据班主任反映，该生最近两周内因身体不舒服已经回家数次。宿舍同学说他会装病，有次他问舍友如何才能生病，舍友说你用凉水洗头就能生病了，然后姜某就用凉水洗了头。舍友还反映姜某在学校不脱毛衣和袜子睡觉。

四 状态评估及判断

（一）心理状态的评估和需求状态评估

1. 症状自评量表（SCL-90）：躯体化因子分2.8，抑郁因子分2.2，其余各因子分<1；(2)艾森克人格问卷（EPQ少年版）：内外向（E）41，精神质（P）40，神经质（N）55，掩饰性（L）43；（3）需求评估量表显示：认为最需要处理的问题主要包括解决身体上的疾病困扰如头疼、胃疼、胸闷等，改善生活环境，加强人际交往。

（二）初步判断

1. 判断结果：属于一般心理问题，具体诊断为学校适应不良。

2. 判断依据，第一，姜某并无器质性病变。第二，依据正常与异常心理活动的"三原则"以及姜某家庭健康史、成长史，可以排除精神病性心理障碍。第三，姜某的心理障碍是心因性的，与人际关系不适因素有关，因持续时间不长，内容没有泛化，社会功能基本没有受损，排除神经症的诊断。第四，姜某症状表现，主要为情绪低落、兴趣减退、抑郁、人际关系紧张、食欲消退，且以上症状持续时间不超过一个月，尚未泛化，人格无明显异常，自知力完整，也有求助的愿望，结合心理测验结果诊断为一般心理问题。

（三）原因分析

1. 生理原因：消化系统方面不适，症状表现得很夸张，主要为胃痛。但经医院检查发现身体健康，不适的主要原因在于抑郁等不良情绪造成的一定程度上植物神经紊乱导致头痛、消化系统功能紊乱等躯体症状。还与姜某身体柔弱、抵抗力差存在一定关系。

2. 心理原因：第一次远离家，集体生活并不如意，所以在学校感觉不适就想用生病来逃离学校生活，退回到舒适温暖的家庭环境中去。因为装病被同学嘲笑，人际关系更加紧张，进而产生逃离学校的想法更加强烈。

3. 社会原因：初中第一次住校，失去了父母在身边的关心与照顾，自身社会交往能力、生活的自理能力有限，不习惯住校生活，不知道如何处理同学关系，导致产生不安全感与孤独感。

五 服务目标的制定

根据以上的评估与判断，社工经与姜某协商，确定如下服务目标。

（一）具体目标

促使姜某在学校生活正常，提高其对学习的兴趣；不再因为暂时的学校不适应而装病；引导姜某合理安排自己的学习和生活，提高生活自理能力；提高心理健康水平，目标是 SCL-90 量表躯体化因子低于 2 分，抑郁因子低于 2 分，提高需求满意度 2—3 分。

（二）长期目标

增强姜某自理自立的生活能力，提高人际交往适应能力。

六 服务方案的设计与实施

依据医院诊断结论及姜某表现，社工主要运用现实疗法、辅之以行为疗法来开展具体的咨询辅导过程。方案所依据的原理：

现实疗法：该疗法由美国心理学家威廉·格拉瑟创立，该疗法是具有人本主义取向的行动疗法。现实疗法的操作目的是帮助姜某觉察自己的问题，探索需求，评估、分析当前的行为，协助姜某制定计划，学习负责的行为，以便达到对自身生活的控制。该疗法具有强调关系与价值判断，强调责任与当下，重视行为、否定心理疾病等特点。

行为疗法：对不良行为不予注意，不给予强化，使之渐趋削弱直至消失。建立、训练某种良好的治疗技术或矫正方法，通过及时奖励目标行为，忽视或淡化异常行为，促进目标行为的产生。

依据上述原理，制定了 8 次咨询辅导活动，每次活动大约 50 至 60 分钟。具体实施过程如下：

（一）第一次咨询辅导

1. 目的：了解基本情况；建立相互接纳的关系；确定姜某的主要需要及改变意愿；作出诊断。

2. 方法：摄入性会谈、心理测验。

3. 过程：①填写咨询登记表，询问基本情况；介绍咨询中的相关事项与规则。②EPQ（少年版）和 SCL-90 测验，同时了解姜某的成长经历，包括发生重大事件和平时习惯。③关注躯体症状，体现尊重，引导其进行自我披露：姜某自述小学时为了不去上学而假装发烧，把水银体温计泡在热水里以提高温度，结果温度计爆裂、水银泄出。④摄入性交谈，鼓励、启发其倾诉，在咨询关系中表达共情。收集临床资料，探寻姜某的心理矛盾及改变意愿。⑤约定今后咨询时间为每周 1 次。

（二）第二次咨询辅导

1. 目的：加强信任关系；探索咨询服务需求。

2. 方法：会谈、需求量表、现实疗法。

3. 过程：①回顾上一次会谈的内容，关注姜某最近的状态，给予一些鼓励和支持，加深相互信任。②针对姜某的需求，社工表示愿意与其共同面对问题，通过真诚地表达加强彼此的信任。同时针对姜某需要做一个需求评估的量表。③与姜某探讨其需求，共同寻找导致身体不适的原因，并表示社工与其目的是一致的，使姜某相信经过双方的共同努力会得到想要结果。④对姜某说明要求监护人前来的必要，约定下一次的访谈要有监护人的参与。

（三）第三次咨询辅导

1. 目的：与姜某的监护人建立关系；说明咨询规则和注意事项；与姜某及其监护人说明姜某当下的情况；共同商定咨询目标及咨询方案。

2. 方法：会谈、行为疗法、现实疗法。

3. 过程：①与姜某监护人建立关系，鉴于姜某是未成年人，必须征得监护人的同意和理解。②说明咨询辅导的时间和规则，尤其是针对姜某涉及的保密问题，向姜某及其监护人说明保密规则和保密例外的规则，并确保一切以姜某利益最大化为保密原则。③简单说明现实疗法，和姜某讨论其在校生病的行为和自己的想法。④商定咨询辅导的目标和方案，通过具体化技术将姜某最感到困扰的方面评分，并确定拟降低的分数。⑤向姜某监护人说明阳性强化法和消退法，要求监护人在姜某在校生病期间不得接其回家、不来学校探访，而一旦当姜某在学校表现进步时，来校探访1次，并且会给予适当的精神和物质鼓励。目的是针对姜某的不良行为不给予重视，使之得不到强化而慢慢消失；同时促进姜某在校时间延长。

（四）第四次咨询辅导

1. 目的：改变姜某态度；评估姜某行为。

2. 方法：会谈、现实疗法、行为疗法。

3. 过程：①引导姜某思考为了得到自己想要的，需要做些什么。②运用语言，刺激姜某思考，是什么导致其现在容易生病，是什么干扰了其在学校正常的学习生活。③强化合理行为，针对姜某最近一周的良好表现，对其提出表扬，利用反论技巧坚定地相信姜某一定可以达成目标。④布置咨询作业：在情绪问题出现时，练习放松和正强化。放松训练，指导姜某学习缓解抑郁情绪的方法。

（五）第五次咨询辅导

1. 目的：巩固咨询辅导效果；为姜某建立有效的行为方式；与

姜某讨论有效的控制。

2. 方法：会谈、角色扮演。

3. 过程：①对姜某最近一周的良好表现进行表扬。②运用角色扮演，将姜某引入未来的理想情况，当其以优异成绩考入县重点高中，体验其中成功的快乐。③讲解选择控制理论，如果姜某现在控制自己的生活，保持良好的学习成绩，将来一定可以考入县一中。④与姜某讨论所面对的现实，使其明确学校的环境不可改变，和舍友与同学的关系可以改变。与姜某讨论有效性的含义，探索有效的行为方式：接受学校生活不可改变的现实；不再生病，淡化同学的态度；为了考上县一中而主动学习；试着和同学交流、聊天。⑤布置家庭作业，在接下来的一周内，尝试上面3个有效的控制行为，并填写"我的进步表"。

（六）第六次咨询辅导

1. 目的：为姜某建立有效的行为方式（WDEP），促进提高姜某的独立品质。

2. 方法：会谈、现实疗法。

3. 过程：①反馈作业：在姜某填写的"我的进步"中，其基本做到了3个有效的控制行为，对待学校不再选择逃避；最近几周没有发生什么躯体化的症状，并和班级中一个同学建立了良好关系；作业基本完成并获得了相应表扬和鼓励。②引导改变姜某的（WDEP）系统，与其讨论：你想得到什么？你在做什么？为了想得到的能够做什么？这样做是否可行？③举行承诺仪式，要求姜某当场作出书面承诺坚决执行计划。④帮助姜某完成一节课的课业辅导，采用步步跟进的技巧，督促其执行计划。不作判断，坚定相信姜某的改变。

姜某首次 WDEP 如下：

W（欲望探索）：不再生病，适应学校的生活，争取成绩进步。

D（方向与当下行为）：在学校有规律地学习和生活；每天练习微笑；按时完成作业，请教同学；每天发现身边一个同学的优点；每周三让父亲或母亲探望一次。

（七）第七次咨询辅导

1. 目的：巩固有效的行为方式（WDEP）。

2. 方法：会谈、现实疗法。

3. 过程：①反馈计划：姜某顺利完成计划，对其进行鼓励支持。引导姜某重视现在的行为所带动的思维和心理感受的变化。强调姜某的潜能，引导其体会改变后的力量。②与姜某讨论这一周的收获和计划是否需要调整，以及接下来一周内能够做什么，以适应学校的生活。③完善姜某的 WDEP 表格，并举行承诺仪式。④布置咨询作业：完成指定的 WDEP 表格的计划，提醒姜某对自己的行为负责。

最终 WDEP 表格内容如下：

W（欲望探索）：不再生病，适应学校的生活，争取成绩进步。

D（方向与当下行为）：在学校有规律的学习和生活；每天练习微笑；按时完成作业，请教同学；每天发现身边一个同学的优点；每周三让父亲或母亲探望一次。

E（行为评估）：效果良好，计划可执行，但需要适当调整。

P（重新计划并承诺）：在学校有规律的学习和生活；每天看一个笑话；每天总结一次自己在学校的进步写成日记；在宿舍找两个舍友进行了解，并和他们打一次乒乓球；按时完成作业，向同学请教生病落下的课程；周三由父亲或母亲前来探望一次。

（八）第八次咨询辅导

目的：巩固咨询辅导效果；分享收获；结束咨询辅导。

方法：会谈、心理测试。

过程：①反馈作业：姜某全部完成了 WDEP 的计划，引导其体会计划成功带来的力量并进行相应鼓励。②进行需求量表和 SCL-90 量表再测。③引导姜某分享最近的进步和收获。④宣布咨询辅导过程结束，感谢自己做出的改变，指导其把咨询辅导中学习到的技巧融入到生活当中,并给予相应鼓励及期待。让其相信自己有能力改变自己的生活,并能够让其更加美好。

七 咨询辅导效果评估

(一)姜某自我评估:感觉自己最近身体健康状况好了很多;解决了自己的一些心理困扰,抑郁情绪基本消失,对生活充满期待;基本不再想家;与同学的关系日益融洽,交到了一个好朋友;能够处理自己的基本生活;学习成绩有所提升,觉得自己只要努力肯定能考上县里最好的高中。

(二)社工的评估:姜某现如今在学校生活状态良好,遇到困难会想办法自己解决,不再退缩,也会直接求助他人。班主任反应现在其晚自习都在学习,不再趴桌子上发呆,情绪比较稳定,学习也比较努力;同学反映其学习和生活状态良好,有自己的计划打算,不再装病,也愿意和同学们一块玩;监护人反应姜某不再强烈要求每周一次的探访,很多家务活也会自己去做。

(三)姜某前后心理测验比较:心理咨询后,SCL-90中抑郁因子为1.47,躯体化因子为1.67分,显示躯体症状明显消失,抑郁症状明显缓解;需求量表显示:解决头疼、胃疼、胸闷等疾病困扰1分,座位周围都是女生和宿舍人不熟0分,没有人愿意和自己聊天0分,尤其想家1分,衣食住环境差2分(0代表没有困扰,5代表最困扰)。

八 咨询辅导感悟

比起普通青少年,留守青少年对学校适应不良的情况更加难以应对与解决,原因在于他们出现问题时难以及时获得父母的支持。如果问题一直持续,可能会导致厌学、辍学等不良后果。所以通过心理辅导,帮助他们及时获得父母的支持,并掌握人际适应、生活适应方面的技能技巧,提升心理抗逆力,就显得尤为重要。

附录2 社会工作专业学生开展的小组工作举例

青少年人际交往能力提升的小组工作服务

山青院2012级社会工作专业学生 刘欣

一 服务背景

青少年时期是人生的重要阶段，这个时期的青少年身心发展不成熟，容易冲动莽撞，意气用事，同时又有强烈的好奇心，他们需要关注与引导，使其逐步走向成熟。

青少年人际交往能力主要包括三个方面：首先是人际认知能力。每个青少年在人际交往的过程中一定会对自己、他人产生一种认知，这两种认知可以更好地帮助青少年彼此了解认识。其次是人际情绪控制能力。青少年在人际交往的过程中总会碰到问题，遇到矛盾时往往表现为冲动、不安、彷徨与无助。这就要求青少年需要具备良好的情绪控制能力。最后是人际沟通能力。这是青少年人际交往中最应该具备的能力，沟通是双向的，沟通过程中的语言、表情、技巧等都会影响沟通能否成功，引起青少年彼此间的共鸣。

青少年随着生活圈的不断扩展，独立意识不断增强，自我意识不断提高，他们想逐渐摆脱家长的控制，更多地与同龄人进行交流。而处于青春期的青少年，由于身心发展不成熟，社会经验不足等原因，导致在交往过程中容易产生一系列的交往问题。

小组工作是指经由社会工作者的策划与指导，通过小组活动过程及组员之间的互动和经验分享，帮助小组组员改善社会功能，促进其转变和成长，以达到预防和解决有关社会问题的目标。小组工作介入青少年问题有其独特的优势与长处，根据目前青少年的身心发展特点、兴趣爱好、动机需求等方面综合考虑，小组工作的价值观、理念、方法和技巧更适合帮助青少年提升人际交往能力方面的问题。

本人在 A 机构的专业实习，完整地带领一期提升青少年人际交往能力的小组活动，本文具体展示了小组工作的实务介入过程，力求为 10—14 岁处于初中阶段的青少年在人际交往方面的实务研究提供一些参考。

二　服务实务过程

（一）小组活动基本信息介绍

1. 小组成员招募

小组开始两周之前，制作海报，海报所用纸张为大红色，色彩亮丽鲜明，字体为黑色，重要的文字描黑加粗，这样去设置海报，会显得比较醒目，引人关注。将海报张贴在社区以及邻近社区、学校周边显眼的位置。一周之后，根据招募报名情况，筛选出一部分在人际交往方面需要提高的青少年，综合各方面的考虑，最终选出 6 名青少年作为我们本次活动的小组成员，4 名女生，2 名男生，且都是初一学生。

2. 小组活动时间、地点

每周六上午 9：00—10：00；A 机构二楼小组活动室。

（二）小组工作开展的需求评估和目标

1. 小组工作开展的需求评估

在 A 机构实习期间，通过家庭走访的方式与服务对象进行了交谈，了解他们在人际交往方面的需求，之后又查看机构中原有的访谈记录，发现他们的主要问题表现在以下两个方面：

（1）人际认知方面：无法认识到自己的优点和价值，自信心不足。

I 组员：自己平时不会主动和别人交流，尤其是在学校里面，怕自己不够优秀或说错话，同学会笑话自己，但内心是特别想与同学交流的。

F 组员：自己平时的人际交往圈很小，就有一个好朋友。和自己的好朋友在一起时，自己会很小心翼翼，有时也会刻意去讨好他，怕失去友谊。

（2）人际沟通方面：人际圈子狭小，沟通技巧缺乏。

J 组员：自己平时跟着爷爷奶奶生活，每天独自上学放学，周六周天就会帮助爷爷在集市上卖点蔬菜，偶尔会和在外地打工的爸爸妈妈通电话，除此之外也不会和其他的人交流沟通。

2. 小组工作开展的目标

总目标：通过开展青少年人际交往能力提升小组，对青少年进行指导和训练，培养其正确的人际认知，掌握一定的沟通技巧，提升人际交往能力。

具体目标：

（1）人际认知方面。发现自己的优缺点，树立人际交往的自信心。

（2）人际沟通方面。掌握一定的沟通技巧，在实际交往中运用沟通技巧。

（三）小组工作开展的具体内容及过程

小组活动总共开展五节，围绕着小组活动的目标，实施的主要内容包括：相识、相熟、沟通、自我认知、情景运用五个方面。

1. 第一次小组活动

活动主题：今日有约

单元目标：

（1）工作员与小组成员初步熟悉，建立专业关系。

（2）增强小组成员的相互认识，消除彼此间的陌生感。

（3）同小组成员一起制定小组规范，明确界定规则。

活动时间	活动目的	活动内容	物资及数量	备注
5 分钟	社工与组员之间的相互认识。	社工自我介绍，说明组织本次小组活动的初衷及意义	助理一名	

续表

活动时间	活动目的	活动内容	物资及数量	备注
10 分钟	组员之间进行初步认识。	小组成员围坐成一个圆圈，依次起来自我介绍。		
20 分钟	社工对于小组成员有一个初步的了解。加深组员之间的相互了解和认识。	游戏：大风吹 准备比参与人员人数少一个凳子，围圈而坐。 社工做领导者。所有组员问："东南西北吹什么风？"带领者说："吹戴手表的风。"这时组员中戴手表的就要离开自己的座位到其他人座位上，以此类推，带领者可根据组员的特征进行提问。 没有抢到座位的组员可以表演一个小节目，活跃气氛。		
20 分钟	与组员一起制定小组规范，提高小组责任感和归属感，并观察组员的参与情况。	与组员一起制定小组规范，组员可以各抒己见，经商讨后将规则写在大白纸上，签上自己的名字，保证能够做到遵守规范，最后共同将白纸贴在墙壁上。	大白纸1张、马克笔6支	
5 分钟	组织组员表达自己第一次聚会的感受以及对于接下来小组活动的期待，以便于社工及时调整，完善小组。	邀请每位组员进行分享。小组活动结束，提醒下次活动的时间，组员有序离场。		

2. 第二次小组活动

活动主题：谁能比我更懂你

单元目标：通过"帮我签个名""猜猜我是谁"等游戏，进一步促进小组成员之间的了解，加深组员的印象。

活动时间	活动目的	活动内容	物资及数量	备注
5分钟	回顾上次小组活动，说明本次小组活动的内容。	社工带领大家回顾上次活动，做简单的分享。		
30分钟	帮助组员了解彼此的背景资料（优缺点，兴趣爱好，等等）。	游戏：帮我签个名 组员需要回答写在六宫格纸上的六个问题，并将答案写在九格纸的横线上。然后在限时的20分钟内到处找与自己有相同答案的组员在六格纸的括号内签名，不能出现相同人的签名。社工邀请最快集齐签名的组员分享其经验和所认识的组员资料。	六宫格纸张、笔、助理一名	
20分钟	加深彼此的了解。	游戏：猜猜我是谁 社工请每位组员写一句自我特征描述并注明姓名，折叠好放进盒子里。等每个人都放进来之后，请大家来猜每一张纸条分别描述的是谁，由领导者公布答案。	纸盒子、纸条	
5分钟	组织组员表达自己这次聚会的感受。	邀请每位组员进行分享。小组活动结束，提醒下次活动的时间，组员有序离场。		

3. 第三次小组活动

活动主题：沟通合作我最棒

单元目标：

（1）让组员了解与人交往的重要性。

（2）让组员了解基本的沟通技巧，同时在活动当中让小组成员掌握基本的沟通技巧；并让小组成员在小组内尝试运用这些沟通技巧。

活动时间	活动目的	活动内容	物资及数量	备注
5分钟	组员明确本次小组的目的和意义。	开场白，说明本次活动的目的和意义。		
20分钟	使组员见证交往的力量与重要性。	游戏：谢谢你的帮助 社工引导小组成员，增强他们的自主性，让他们坐在地上自己想办法站起来。 先每两名组员为一个小组做尝试，组员面对面坐在地上，两人双臂相勾，合力一同站起来，最后，全体组员作为一组一起站起来。每次站起来后要向其他组员说："谢谢你的帮助。"		
30分钟	帮助组员之间尝试初步的沟通技巧，了解自己沟通后所达到的效果。	游戏：情景小剧场 社工以抽签的方式将组员两两配对，然后派发情景卡，社工讲解话剧要求，要求组员将卡中情景演出来（每组限时3分钟）	情景卡3张	
5分钟	组织组员表达自己这次聚会的感受。	邀请每位组员进行分享。小组活动结束，提醒下次活动的时间，组员有序离场。		

4. 第四次小组活动

活动主题：开心社交你我他

单元目标：

（1）帮助组员评估自己在人际交往过程中所存在的优点。

（2）分享和学习人际交往和沟通的一些技巧、方式和态度，以及沟通方式和基本礼仪。

活动时间	活动目的	活动内容	物资及数量	备注
5分钟	进行上次活动的总结回顾，组员明确本次小组的目的和意义。	引导组员提前做好本次活动的准备事项。社工带领组员回顾上次活动，并讲述本次活动的目标。		
30分钟	相互赞美，肯定自己的优点，感受互帮互助的氛围。	游戏：优点轰炸 全体组员围坐在一起，给所有组员10分钟的时间，在纸上实事求是写出自己的优点与缺点。刚开始轰炸时，每位组员最多说一条，然后依次轮流下去，当被轰炸者被小组成员轰炸完，需要在小组内大声读出自己写的纸条。依次轰炸完所有组员后，大家可以就自己在平时交往中的缺点进行讨论。	纸张、笔	
15分钟	通过观看人际交往方面的视频，分享学习人际交往沟通的一些技巧、方式和态度。	利用多媒体进行视频播放，播放内容是3个由于沟通缺乏技巧产生的交往冲突的短片，看完之后，引导组员讨论短片中人际交往存在的不足并提出解决办法，共同写在大白纸上，贴在墙壁上。	大白纸，笔、助理一名	
10分钟	总结本次活动情况，并为最后一次活动做铺垫，提前告知。	社工总结本次活动开展的情况，以及每位组员的表现，提醒下次活动的时间，组员有序离场。		

5. 第五次小组活动

活动主题：相亲相爱一家人

单元目标：

（1）引导组员话收获，讲体会。

（2）处理好离别情绪，合影留念，小组活动结束。

活动时间	活动目的	活动内容	物资及数量	备注
30 分钟	帮助组员回顾所有的小组活动内容，对自己在活动中的表现进行评估；社工了解组员参加完本期小组活动的感受。	与组员总结分享小组内容；邀请组员分享参与小组的感受并将感受写到纸上，张贴在墙壁上。	纸、笔、胶带	
10 分钟	以小组满意度问卷调查的形式充分了解组员在此次活动中的收获和感受。	填写已经编制好的小组满意度问卷（附录）。	纸、笔、问卷	
10 分钟	与组员处理好离别情绪。	游戏：兔子舞 社工播放兔子舞音乐，并示范兔子的舞步：左、左、右、右、前、后、前、前、前。社工将和组员前后搭肩，连成一个圆圈，依照音乐一起跳兔子舞。	音响	
10 分钟	告别留念。	社工组织拍照，合影留念，小组结束。	相机	

三 小组工作的评估

本期小组活动，首先采用了"小组满意度调查表"的评估方法，从活动的整体安排、活动时间、活动地点、活动内容、社工的整体表现五个方面进行了评估，在小组最后一次活动结束后发放给组员，这种方法简单省力，回收率高。参加问卷的有6人，问卷回收率100%。

活动整体安排：非常满意2人，满意4人。

活动时间：非常满意6人。

活动地点：非常满意6人。

活动内容：非常满意1人，满意4人，比较满意1人。

社工的整体表现：非常满意1人，满意3人，比较满意2人。

其次，小组结束后，通过后期的追踪观察，与其中的3位服务对象进行了谈话，了解他们对于这次活动的感受以及相比未参加活动之前的一些改变。

I组员：自从参加了这次人际交往能力提升的小组活动，自己明白了自己其实有很多优点，我画画特别好，于是参加了学校的绘画社团，将我的长处发挥了出来，同学们都来找我要自画像，我感觉自信心一下子就回来了。

F组员：我很开心能够参加这样的小组活动，感到很新鲜，因为之前从来没有参加过，现在我在学校里会主动地去与同学讲话，慢慢地去改变自己害羞的心理，交到了几个很好的朋友。

J组员：参加完这次小组活动，回家后与我的爸爸妈妈沟通了一下，报名参加了一个周六的书法班，在书法班里都是与自己有共同爱好的人，我们也有共同的话题，我也尝试着运用小组中学到的沟通技巧去与他人交流，不再局限在以前的交际圈子里，朋友渐渐地变多了，以后这样的活动还想参加。

总体来讲，大家参加小组活动之后最大的感受是掌握了一定的沟通技巧，在小组中学会了沟通与分享，建立了深厚的友谊。希望有机会还能参加这样的小组活动。评估显示，服务对象对活动的时间和地点是非常满意的，存在方面主要的问题是活动的内容和社工的整体表现。希望在活动内容上需要更加丰富完善，贴合青少年实际，满足其需求。社工要加强实践，多与服务对象沟通交流，多向督导反应自己遇到的困难和问题以获得支持，从而更好地去带领小组达成目标。

四　小组工作的反思与不足

（一）反思

1. 组员的主体性要贯穿小组活动的始终。组员参加小组活动，作为一名社工，要带领组员体会互动带来他们的成长改变，注重在小组活动的各个阶段的分享、沟通、支持等各个细微环节处发挥他们的主体性，使组员得到被尊重的满足。

2. 身体语言很重要。身体语言的表达比直接语言的表达更能增强体验感，尤其是带领初中阶段青少年的活动，他们对口头表扬不是很在意，不管是在活动中还是活动外。对组员好的表现，说表扬的话不如向他伸出大拇指鼓励或点头微笑，这样效果会更好。

（二）不足

本次活动希望通过开展10—14岁青少年人际交往能力培养提升小组能在一定程度上帮助青少年改善人际交往方面的问题。当然，在实务过程中也存在一些不足：

首先，小组活动的目标忽略个体差异性。在设计小组活动目标时，侧重的是整体需求，对于一些个别服务对象的需求没有很好地考虑。

其次，在小组活动开展的过程中，还不能很好地去观察细节，从服务对象的一言一行中发现其存在的问题；不能很好地主动去引导他们，及时地交流沟通，发现问题的症结所在，更好地开展服务。

再次，在小组活动结束后的评估方面，只采用了简单的效果评估，评估的内容比较笼统，对于青少年的人际交往能力提升的具体体现没有直接的测量数据。评估的反思应该更加全面深刻，从多个角度去评估。

最后，作为一名社会工作者，在小组工作介入青少年人际交往能力这一方面进行了初步的探讨，还存在着很多的不足，需要进一步地探索与研究。自己也会多加强实践锻炼，不仅仅要在开展活动过程中认真观察、发现问题，在日常生活中也要积累经验、总结反思。

附录3　社会工作专业分组教学模式举例

青少年社会工作课程分组教学案例

一　教学内容

第七章　青少年社会工作方式方法

二 教学目标

让学生能够针对案例分析青少年服务对象面临的问题，制定工作目标，学会采用综融方式为青少年服务对象服务。

三 教学步骤

1. 给出案例与问题；
2. 分组，座位相近同学每六人一组；
3. 讨论；
4. 每组选出代表分享讨论结果；
5. 教师最后点评。

四 教学案例

随着"4050"下岗、失业人员逐步进入退休年龄，"2030"青少年的就业问题成为新的难题。这部分失业青少年年龄大多在20—30岁左右，且低龄化趋势愈演愈烈；在这部分失业青少年中以初中毕业生、高中毕业生和三校生（中专生、技校生、职校生）为主，多为刚毕业的学生，且在不断向高学历层次蔓延。这部分失业青少年以独生子女为主，在他们身上既背负着父辈所有的期望，另一方面也承担着沉重的养老义务。此外他们已到达婚恋的年龄，如果不能找到合适的工作，还会影响他们未来家庭的和谐。这些"2030"青少年可能面临哪些问题，如果你是专业社工的话，应该确定的工作目标是什么？你的大致方案是什么？

五 分组讨论过程片段再现

（一）小组发言

第一组：我们认为这些失业青少年面临的问题可能是，文化程度低和不能吃苦。因为他们都是些初中生、高中生和技校的中专生，社会可以给他们提供的工作岗位肯定是工资低又比较苦的工作，但他们又都是独生子女，从小就没有吃过苦，所以他们不愿意吃苦。他们面临的主要问题首先就是自身的问题，就是对自己能够做什么、自己有什么优势不清楚。

第二组：我们同意前一组同学的发言，这些失业青少年主要是自身的原因，对自己没有清楚的定位，但是还可能是他们没有得到有关就业的一些信息，也就是不清楚或不知道从哪里得到这样的信息。

第三组：我们还认为，这些失业青少年可能没有人给他们进行职业培训，他们的社区有没有这方面的服务？再就是他们父母的态度也很重要，他们父母是不是也认为他们是不是工作无所谓。

第四组：我们要说的，他们都说了，我们没什么要说的了。

第五组：除了上面几组谈的，我们还认为这些失业青少年是不是还存在着社会中的诱惑，如网吧、不良同伴等，是不是会有人在这样的诱惑面前根本就不愿意工作。

（二）教师总结

从刚才的发言中，可以看到咱们同学的确是认真讨论了，而且基本上找出了这些失业青少年可能面临的问题，但是还没有上升到理论的层面表达，而只是自我理解的一种表达，这是一个小的欠缺。很显然，这些失业青少年可能面临的问题，首先就是自我定位不清或自我认知的不正确。他们可能对自己的职业兴趣与职业能力不太了解，在职业选择上可能会有一些或高或低的想法，不明白或不了解自己到底适合做什么工作。其次，可能就业技能与技巧不足，没有一技之长，也不知道如何面试。表现为表达能力差或者缺乏面试技巧，或者人际沟通能力差等。再次是可能缺乏有效的社会支持网络。他们可能缺乏朋友，或者有朋友也是和自己一样情况的人，逐渐与外界的正常联系减少；可能缺乏家庭的有力支持，在实际中，要了解家庭支持情况，当遇到具体服务对象的时候可以了解其父母的教养方式与观点等等进行预估；也可能缺乏一些正式的社会支持，如青少年组织、社区、学校等等也没有给予足够的支持，即这些青少年的社会支持网络存在着一定的缺失。我们刚才只是个好的开端，下面我们再根据问题，各组开始一起讨论介入方案。

附录4　社会工作专业学生开展的志愿服务项目举例

"麦田守望者"暑期夏令营支教服务项目

"晨之曦"社工协会

一　项目背景

在国家提出实施精准扶贫、实现全面脱贫的目标和"扶贫先扶志""扶贫必扶智"要求的大背景下，大学生支教作为志愿活动逐步兴起。尽管我国教育质量不断提高，教育资源分配不均问题得到一定程度的改善，但从全国范围来看，教育资源总体上仍然短缺，农村贫困地区尤为严重。针对农村教育资源短缺问题，支教逐渐成为补充贫困地区教育资源、促进区域间教育资源共享的重要途径。大学生支教是大学生利用寒暑假时间前往农村地区为农村青少年儿童开展教育活动的志愿行为，它因易操作、见效快、灵活性强的优点而被广泛推广和运用。

由于监护力量的薄弱以及农村教育资源的不足，导致留守儿童在安全保护、学业辅导、人际交往等权益方面不同程度上得不到保障，迫切需要关爱保护力量介入其中。"晨之曦"社工协会"麦田守望者"暑期支教项目于2018年在菏泽市定陶区、2019年在聊城市临清市开展。

二　项目目标

（一）引导留守儿童树立了正确的理想信念，促进良好思想品德养成；

（二）在了解生命安全教育重要性的基础上，增强留守儿童自我保护的能力；

（三）提高留守儿童学习兴趣与人际交往的能力；

（四）缓解留守儿童的心理压力，消除其心理上的孤独感，培养他们积极向上的乐观精神。

三 项目实施

（一）"一对一"结对服务

基于留守儿童的现实差异和不同需求，确定大学生支教志愿者与留守儿童建立"一对一"结对服务关系，在留守儿童集体活动及课堂之外重点关注并为他们提供情感陪伴、课业辅导、价值观引导等支持性服务，并尝试为每一位留守儿童提供成长跟踪服务。

（二）开展主题教育课程

结合学校课程，利用社会工作历奇式的专业方法，为留守儿童设计、开设了多种暑期活动课程。课程内容主要包括"理想信念与价值观教育""学业巩固与兴趣发展""生命安全教育""生活习惯养成"四个模块。具体课程包括"户外历奇""趣味手工""巧手绘画""环保小大人""安全小卫士"等。

（三）同伴互助小组

根据同伴教育的原理，拟在支教期间帮助成立留守儿童学习互助小组，在日常学习中发挥同伴群体之间相互促进与影响的作用；同时积极培养同伴领袖，在同一小组中，让学生在日常活动中轮流担任并体验同伴领袖的角色。

（四）社区调研

组织大学生支教志愿者周末进社区走访，调查了解留守儿童日常生活环境和邻里关系，帮助留守儿童学会自我解决日常自己遇到的困难，探寻发现社会支持网络搭建的积极条件，并积极尝试帮助留守儿童弥补和拓展其社会支持网络。

四 项目成效

借助社会工作方法理念,通过小组游戏、历奇活动、体验式教育等有特色,有趣味的施教方法创新授课方式,引导孩子树立正确的理想信念,培养其高尚的思想品德和爱国主义情怀;养成了良好的生活卫生习惯,并掌握了生活小技能;了解了生命安全教育的重要性,极大程度上增强了自我保护的能力。

项目帮助学校初步建立生命安全教育系列精品课程;帮助学校建立了中华武术特色校本课程的基础;帮助学校加强了暑期学生安全教育,保证学生在假期期间的基本安全。

项目提高了支教大学生的志愿服务意识,强化了学生志愿服务意识;提高了他们的适应能力和管理水平,提高了其社交沟通表达能力和反应力;帮助他们更好地体会贫困地区的农村生活,更深刻地理解了精准扶贫理念,提高个人支教扶贫的思想觉悟。

五 项目展望

通过开展暑期夏令营,目前归纳总结出一系列具有可推广性和可复制性的实践性经验,初步探索形成了乡村支教带动地区扶贫的一种支教新模式。下一步,将继续加强同农村留守儿童地区相关部门的联系,将暑期支教持续进行下去,不断完善支教模式,增强其成效,为乡村振兴、为留守儿童的健康成长贡献一份微薄力量。

附录5 社会工作专业学生开展的社区工作项目举例

"童行计划"——社区青少年课外实践志愿服务项目
山青院2018级社会工作专业学生项目团队

一 项目背景

2018年9月,项目组在对历下区名士豪庭社区、历下区友谊苑的

97名青少年及其家长的走访调查中发现，60%左右的青少年表示没有参加过社区举办的课外活动，80%的双职工家庭因时间、精力、知识水平有限等多重原因，在青少年的课外素质提升教育中缺位。目前青少年群体的教育途径主要以学校教育和课余时间参加的各类辅导班为主。

除学校教育外，青少年很多方面的知识依然需要不断被拓展。课上老师所传授的知识大部分是理论知识的累积，但将理论知识运用到实际生活中还需要不断地加以实践。因此，需要进一步关注青少年的成长动态，需要一个可以拓展课外知识的"实践基地"，以此来帮助青少年开阔视野，提高探索能力与解决问题的能力。

二 项目目标

针对上述需求，结合学院以往青少年群体志愿服务经验，本项目旨在打造为，以校内外教育优势互补、环节相通、契合青少年心理需求为特色的课外实践教育志愿服务项目。

在实施过程中，项目组联合社区相关部门，依托社区"四点半课堂"，拓展社会资源，形成"社区、家长、青少年、志愿者＋X"长效化志愿服务模式。根据前期需求调研结果，项目已为名士豪庭社区、历下区友谊苑社区的青少年量身定做"青春健康教育与环保教育课堂"、"青少年美育课堂"、"高校游园历奇课堂"，"青少年安全自护课堂"等课程工具包。大手牵小手，陪伴青少年探索未知世界、养成良好综合素质，改善亲子关系，促进他们健康成长、全面发展。

三 项目实施

（一）青春健康教育与环保教育课堂

项目志愿者在社区内定期举办青春健康教育与环保教育课堂。在志愿服务过程中，志愿者在拓展课外知识的基础上，融入体验式教学，通过带领服务对象在社区或学校内对所学知识进行实地体验或情景模拟，志愿者有目的地引入或创设具有一定情绪色彩的、以形象为主体的、生动具体的场景，以引起青少年一定的学习体验，从而帮助他们理解掌握教学要点，并使他们的心理机能能得到发展，实现情境教学。

在青春健康教育课堂上，志愿者会组织青少年分小组进行角色模拟，各组成员互换角色、分享感受，共同进步。在环保小课堂上，志愿者会组织青少年进行标语设计，在获得社区的允许后，将设计好的标语在社区公共领域进行悬挂，以督促人们提高环保意识。同时，在课程的基础上，举办环保知识竞赛与环保标语宣传比赛，提高青少年的创造力与探索能力。

（二）青少年美育课堂

美育不仅可以帮助青少年及儿童认识现实与历史，同时可以发展他们的观察能力、想象能力、形象思维能力和创造能力。青少年美育课堂能够调剂他们的生活，扩大和加深他们对客观世界的认识，促进青少年良好道德品质的形成，提高学习效果，培养健全人格。

对社区青少年开展美育普及，用美育涵养美丽心灵是本项目的目标之一。美育课程包含了纸艺、泥塑、魔方、烘焙等青少年感兴趣且日常实用的技能课程。

以纸艺课程为例，志愿者会依据当前热播的动画片选择所要教授的折纸人物和形象，提高青少年参与积极性和实践兴趣。在儿童节、端午节、中秋节、国庆节等传统节日，志愿者会结合节日特点开展亲子课程设计，加强思想品德、理想信念、感恩教育，增进亲子关系。

（三）高校游园历奇课堂

高校游园历奇课堂是本项目的重要组成部分之一。高校游园是指在获得父母的允许下将社区内青少年聚集起来，由专门志愿者带领参观高校。在参观校园前，志愿者首先绘制一张校园地图，孩子们分组在志愿者的陪同下进入校园，依据校园地图上的路线和提示，在校内参观学习并完成相应任务。通过各式各样的校园历奇活动，提高社区青少年在陌生环境下的人际交往能力、团队合作能力和自理能力，并能开拓视野、开阔心胸。

四 项目成效

（一）项目使得社区青少年掌握了必备的青春健康教育与环保知识，激发了他们的想象力并提升思维创新能力，具备自我保护和独立完成课程作品的能力。

（二）青少年美育课堂上学到的纸艺、泥塑、烘焙等技能可以在生活中产生实用价值，制作生活用品的过程，也是增进亲子关系的过程。

（三）项目作为学校教育的补充力量，使得社区青少年的社交能力得以提高，他们的视野更加宽广，自理能力和自信心得到提升，在无父母陪伴的情况下他们完全可以进行自我管理。

五 项目展望

社区是宏观社会的一个缩影，也是实现社会治理的基本单元。通常情况下，社区服务包括三种形态：以社区居委会为代表的公共服务，以物业管理公司为代表的商业服务，以社区志愿服务为代表的公益服务。

当前，我市社区的公共服务、商业服务已经相对健全与成熟，但社区志愿服务还有巨大的发展空间，高校作为社区志愿者的供给方，在社区志愿服务中大有可为。在组织大学生志愿服务社区的过程中，可以充分发挥专业优势，深入挖掘志愿服务的实践育人功能。

今后，该项目将坚持"就近就便、精准服务""用好网络、灵活便捷"原则，结合学校周边社区实际，综合考虑交通、安全等因素，实现高校与公共交通覆盖的社区就近结对。根据社区需要制定服务方案每周至少进一次社区，与2020年校级志愿服务培育项目"青少年成长课堂"形成合力，抓好结合，突出品牌。

附录6 "新青年"高校社会工作服务项目一例

小组工作在高校新生班会中的应用①

山青院社会工作专业教师　王晓恬

基于小组工作的方法与高校新生班会之间的耦合关系，以本校"新青年"高校社会工作项目（以下简称"新青年"项目）为平台，结合大学生成长发展规律，总结实践经验与优势，在新生适应阶段提出小组工作介入高校新生班会的应用实践。这一实践既不是单纯的小组工作服务，也不是简单的以小组工作的方法去替代传统班会教育的理念和方法，而是两者之间的协同创新。社会工作专业学生作为专业力量积极参与到小组活活动式的班会过程当中，专业能力得到有效锻炼。

班会课是大学辅导员和班主任贴近学生、了解学生、帮助学生以及加强学生管理最有效的方法，其中，新生班会尤为重要。新生班会开得生动，将有利于协助新生顺利适应大学，也为后期班级建设、学风建设奠定坚实基础。随着"00后"新生的入学，学生的思想状况也呈现出鲜明的特点，表现在思维活动的独立性、行为选择的多样性、个性发展的差异性等。传统班会方式已经不能满足于学生的实际需求，辅导员、班主任必须充分发挥学生的主体性，努力创设环境，使学生参与到班级建设中来，最终实现自我服务、自我教育、自我管理。将小组社会工作方法应用于新生班会中会有效提升班会效果，增强新生的适应性与班级凝聚力。

一　小组工作应用于新生班会的优势

小组工作是社会工作的三大工作方法之一，其形式是由两个以上

---

① 本文发表于《山东青年政治学院学报》2019年第4期。

且具有共同的需求或相似困惑的成员组织在一起而开展互动性活动的团体，旨在通过组员的深入参与和深度体验来实现个体成长，挖掘组员潜能，提升组员自己解决问题的能力和自信。将小组工作的方法应用于高校新生班会，强调学生与所处环境之间的交互作用，形成班级动力，学生在互动中与其他同学相互沟通、相互影响、相互促进，激发学生的自我感悟和自我教育，从而有效促进新生适应。

（一）有助于增强班级凝聚力

当前大学生普遍具有较强的社交意识，多数新生在报到前就已经通过网络媒介加入到学校或学院建立的QQ群、微信群，并通过群内的交流进一步了解学校和专业。但离开网络和虚拟世界，同学、舍友在现实中仍然陌生，这对于新组建的班集体来说是一个不小的挑战，因此，培养新生的认同感和归属感，提升班级的集体凝聚力非常重要。作为班级带领者的班主任如果能在班级成立初期在班会中运用小组工作中的方式和技巧来调动学生的积极性和主动性，会对建立具有凝聚力的班级起到有效的促进作用。小组工作是围绕着统一的目标，由一系列具有联系性和发展性的活动单元组成，虽然每次的主题不尽相同，但是连续的体验会不断刺激着新生，让他们从陌生到熟悉再到彼此的认可和理解，从而增强新建班集体的凝聚力。

（二）有助于新生形成积极的自我概念

新生初入大学，与新身份的磨合的过程中容易出现自我冲突、情绪焦虑等各种负性情绪。运用小组工作的方法开展新生班会，为新生营造一个温暖、平等、安全的互动氛围，形成团体动力，适时调试负面情绪，帮助他们顺利而平稳地适应自己的新身份。由于新生来自不同地域、不同成长环境，小组工作的方法是将整个新生班级看作是一个小组，每个新生都是组员，工作者也就是班主任成为与之共同参与班级活动的引导者，可以为小组成员提供支持。同时，新生能够在班级小组活动中获得彼此支持、帮助和接纳，自信心也会不断增强。

（三）有助于提升新生的人际交往能力

进入大学，学会与人共处即人际交往是新生重要的发展任务，每一名新生都希望有温馨的宿舍关系、和谐的班级人际氛围，希望交到知心的好朋友，渴望被尊重、被理解。运用小组工作的方法开展新生班会，鼓励新生在轻松愉悦的互动中主动与他人进行沟通、交流，有意识的相互配合、相互合作，新生自身能够不断地调试自我观念、与人沟通互动的方式等。同时，小组工作将活动过程之中出现的冲突、分歧，也是双方共同成长的契机，使组员从中学会如何去面对、解决冲突与分歧，共同完成任务目标。

二 小组工作应用于新生班会的要求

作为社会工作的专业方法，小组工作的设计、组织和开展有着专业性的原则要求，将小组工作应用于新生班会也必须遵循这些原则，同时要考虑到新生班会的现实情况和实际操作，具体要求如下：

（一）班会规模

在当前的高校班级管理中，一般人数都在30—40人之间，在实际操作中，我们把一个新生班级看作是一个完整的小组或团体，开展小组活动促进成长，当然，过程中也可以根据实际需要划分若干个小组满足不同的目标。

（二）班会时间

新生第一次班会一般是在报到当天由辅导员或是班主任开展，将小组工作应用于新生班会要求在新生最初入校的第一个月内每周召开1—2次新生班会，每次班会设计不同的主题和内容。

（三）班会目标

小组工作的目标是在互动中让成员更好的成长和发展，服务计划通常是在需求评估的基础上由一系列相关主题组成。新生班会在设置目标时同样需要在充分评估新生需求的基础上确定，适时调整和回应新生的多样化需求。

（四）班会工作员

工作员分为两部分，一部分是班主任或辅导员，他们有着多年学生工作经验，具有相对丰富的心理学、思想政治教育等领域的知识储备和技巧，因此对于小组工作方法介入班会的有关调控、操作、分享等内容完全可以通过培训和模拟来实现。一部分是同我校社会工作专业学生，主要从专业角度对小组活动形式的班会的设计、组织、实施进行指导并及积极参与班会活动当中。

三 小组工作应用于新生班会的设计与实施

（一）小组工作应用于新生班会的方案设计

1. 设计目标

将小组工作应用于新生班会需要进行系统的方案设计，最开始也是最重要的一步是目标设定。班会目标的设置必须经过前期调研和需求评估，以确定新生实际需要，而非按照传统和惯例，一成不变、按部就班地开展。基于此，新生班会的方案目标每年都会根据实际情况进行调整和增减，并将原本分散孤立的目标进行串联组合，系统地形成新生班会方案的总目标与具体目标。目标的设定与学生的需求密切相联。例如，"新青年"项目在进行需求评估时发现，2015级新生主要面临新生独立生活、资源利用、人际关系、专业学习等方面的困扰，事实上，这些困扰都是属于新生适应的领域，因此，运用小组工作方法开展的新生班会的总目标为：促进新生适应能力和提升心理健康水平。经过操作化，具体目标为：（1）人际适应；（2）校园适应；（3）个人适应；（4）学习适应。当然，以小组工作介入新生班会要注重发挥新生参与班级建设的主体性，利用班级团体的动力促进健康和谐、彼此关爱、相互尊重的班集体的建设，帮助新生形成自身的社会支持网络也是重要目标。

2. 设计内容举例

运用小组工作的方法开展新生班会，方案的设计与确立是首要工作，每一节班会的实施内容都是为实现目标而设计的，笔者以2015级新生班会为例，班会内容具体如下：

第一次班会:"缘来"你也在这里。

小组游戏的运用使新生逐渐放松身心,消除陌生感,积极主动地融入到班会课中,再通过"微笑握手""名字故事"等活动,引导班级成员相互认识与熟悉,彼此之间加强交流互动。制定班级契约,通过头脑风暴的形式成立班级契约,即在接下来的生活和学习中大家愿意并且能够自觉遵守的班级规则。在班级契约建立的过程中,班会课带领者主要担任着引导和鼓励的角色,切忌将自己的想法或者学生守则直接告知新生,班级契约形成的过程也是新生产生认同感和归属感的过程,为班级文化的形成奠定基础。

第二次班会:我的校园。

第二次班会的目标是以校园适应为主,通过对校园环境的熟悉和资源的了解,提高新生资源利用和环境适应的能力。在热身活动后,班级成员一般来说处于较高的兴奋状态,此时注意力相对集中,继续开展"画出我的校园"活动,在班级内部再次划分小组,各小组组员一起创作一幅我校的简易平面图,也可以基于现实融入自己的创意与期待,形成新生们心中理想的校园形象。在各组的展示与分享后,班会课的带领者可以介绍学校的相关历史和发展,由此增强新生对各种功能部门和区域的了解,掌握更多生活和学习上的信息与资源。同时适当的小组间竞争也能够促进小组成员的彼此合作沟通,进一步形成班级凝聚力。

第三次班会:沟通从"心"开始。

第三次班会的重点是围绕人际关系的提升来开展的。班会课的开始环节依旧可以选取合适的热身活动,将班内的氛围迅速活跃起来并集中注意力,再通过"解开千千结""无声排序"等以沟通为主题的小组活动引导新生了解双向沟通和语言沟通的重要作用。当然,新生班会的小组活动,也可以以宿舍为单位进行,有利于增强宿舍的凝聚力。因为宿舍关系的和谐和稳定同时也促进班级人际关系、社团人际关系等的建构与良性发展。可以采用情景剧的方式模拟宿舍情境,学生在演绎的同时也会不断地自我反思，发掘自身在人际交往方面的优点和需要改善的地方。班会的总结提升环节，要注重引导新生认识与理解因个体差异产生的人际冲突，学会面对与解决冲突的方法，提升人际交往能力。

第四次班会：我的大学，我做主。

第四次班会主要是解决学习适应的问题。大学新生群体很容易产生高考后的"间歇"心理，出现目标真空期，很难自主安排大量空余时间，往往会放松自己。在班会课上，采用分组讨论或辩论会的形式，以"中学与大学学习的差异"和"寻找自己的目标"为主题进行探讨，通过分享中学与大学学习环境的变化，培养新生树立正确的大学学习观。同时，"我的一天和生活馅饼"和"时间管理"等活动的开展，引导新生去回忆自己在过去一周中普通的一天所参与的各项活动，然后将每项活动的用时合并分类统计，由此引发学生对自己的生活安排做具体的、客观的、系统的分析与检查，认识到时间管理的重要性，并学会如何科学而合理的安排自己的时间。

第五次班会：未来可期。

经过4个单元的主题班会，系列新生班会即将告一段落。一般而言，在小组工作的结束阶段，小组带领者需要对辅导过程进行总结，巩固组员收获，强化小组效果。对于新生班会来说同样需要深化和升华，尤其突出个人适应方面的成长，以及班级形成和建设过程中的相互支持、理解和尊重等方面内容。因此，最后一次新生班会主要通过"忆往昔小组活动"和"天使留言"等具有总结提升意义的小组活动形式来引导新生回忆在前四次班会课中个人的成长以及感受到的同学之间的真诚与美好，体会自我的成长。

（二）小组工作应用于新生班会的组织实施

在确定新生班会服务方案后，项目组就需要对小组工作应用于新生班会的顺利开展进行组织协调。此阶段的主要工作内容应该围绕在方案培训、具体实施和总结评估三个方面，具体实施过程如下：

1. 准备期

通常每年新生入学前的上半年度开始筹备新生入学教育工作,这个时间段"新青年"项目的工作内容主要围绕着新生需求评估、新生班会方案的策划以及新生班主任与辅导员的培训等环节,由项目社工强化他们小组工作方法与技巧,以保证小组工作应用于新生班会的专业性和科学性。一般来说,培训会分为两大内容,一是实务培训,主要面向新生班主任、辅导员,以及经过筛选的学生骨干开展,6次培训由"新青年"项目的2名专职社工以工作坊的形式讲解和示范新生班会服务方案。实务培训主要通过模拟、演练等形式带领参训者进行实务练习,旨在提升参与者的实操技巧,积累技术经验。二是进行理论提升,在这一环节主要侧重知识、方法的学习和研讨。通过邀请社会工作专业教研室专业教师和有丰富经验的辅导员或班主任以讲座和授课的方式进行交流和答疑,引导参训者将实务训练与理论知识有机结合。

2. 实施期

(1) 探索与试点阶段(2014—2015年)

2014年10月到12月期间,"新青年"项目启动覆盖全校新生的"I'm sdyuers"("我是山青人")新生适应小组,由于形式新颖、贴合实际受到新生的一致好评,但在具体实施中也存在诸多问题。在新生适应小组运作的第一学期,服务2400名新生,涉及新生班级60余个,所有小组活动皆由两名专职社工与志愿者设计、组织和实施,人力、物力资源不能完全保证,而且新生入学教育分散在不同部门,内容和时间存在交叉重叠,使得部分服务重复提供、资源浪费,导致全校范围内的新生适应小组活动进入了瓶颈期。

2015年3月项目推进会针对新生适应工作开展讨论,在总结经验、创新思维的基础上提出以小组工作的方式方法介入大学新生班会的方案,经过调研和多方论证,决定选取政治与公共管理学院为试点,面向2015级新生开展运用小组工作的专业方法运作的高校新生班会。因社会工作专业隶属于政治与公共管理学院，在项目成立前已有以社会工作的专业方法开展新生适应服务的丰富经验。2015年5月，项目经过志愿者动员和培训辅导，形成包括项目社工、专业督导、学生志愿者以及新生班主任、辅导员在内的新生班会运作团队。2015年9月，新生入学的第一个月正是开展主题班会的最佳时间，政治与公共管理学院的新生辅导员和班主任基于2015级新生班会方案以及前期的培训辅导，组织实施新生班会。

本次新生班会的探索尝试取得了初步成果：第一，以"新青年"项目主导为前提，通过新生班会组织实施的创新，推动了参与者和实施者角色的转换，新生班会由辅导员、班主任自由组织、新生被动参与，转变为基于专业工作方案，运用专业技巧，实现新生的主动参与和积极融入，初步实现了新建班级的自我服务与自我管理。

第二，经过专业评估环节，政治与公共管理学院2015级新生积极参与新生班会，投入程度逐步提高，主要表现在班会出勤率提高和自我表露程度加深两个方面。通过问卷和访谈，新生也反映了在新生班会过程中的经验和收获，在评估报告中，新生普遍表达适应良好，通过新生班会的参与朋友圈子有所扩大，学习并发展了人际交往、自我管理、时间规划和专业学习等技能，并且在班会过程中，新生通过互动和尝试进行自我探索，不同程度的获得了班级归属感和自我效能感。

第三，通过近4个月的服务运转，初步形成了以新生适应为主要目标，以班会课为主要载体，由新生辅导员、班主任主导，"新青年"项目与学工部门合作共同推动，项目督导人员协同支持的新生班会运作模式。

第四，"新青年"项目社工与学生工作部门、学生管理人员建立了良好的工作伙伴关系，项目社工开始进入到新生入学教育的设计和实施环节，创新高校新生班会的理念和形式，充实和完善了大学生思想政治教育，逐步显现出"新青年"项目社工在思想政治教育领域的多重角色：理念和方法的实践者和倡导者、资源的整合和链接者等。

此阶段，运用小组工作的方法介入高校新生班会取得了一定成效，但在具体组织、实施过程中仍然发现部分问题亟待解决，包括新生班会带领者团队人员不足、专业社会工作技巧和方法的体现以及评估方式多元化的需要等，这也促使项目进一步厘清发展目标，加快推进小组工作应用于高校新生班会的发展路径形成。

（2）延伸与拓展阶段（2016—2017年）

2016年5月起"新青年"项目基于政治与公共管理学院新生班会的试点和探索经验，启动了二期项目，覆盖全校2016级新生，涉及9个二级学院90余个新生班级。在本阶段，二期项目强调能力建设培训的方式进行补充，在深化试点的基础上进行推广和拓展。

项目在此阶段运用焦点小组、问卷访谈等形式进一步加强调研，最终完成了2016级新生的需求评估报告，2016级新生班会方案重点从大学生活环境、大学学习方法及大学期间角色定位三个目标进行凝练、设计和展开。在方案培训环节，针对试点阶段出现的新生班会带领人员不足问题，进一步扩大带领者团队，将学生助理融入其中。学生助理均选自相应专业高年级优秀学生，他们经过层层筛选作为新生辅导员和班主任的助理，协助班主任完成新生入学工作。学生助理与学生骨干作为最开始接触新生群体的人员能够发挥同辈群体的支持作用，尤其在辅导员和班主任由于紧急工作安排无法按时开展班会课时能够保证班会在专业技巧和方法支持下顺利开展。

以小组工作方法应用于新生班会，项目社工负责具体组织运作，但各项活动的策划、组织和实施都是在督导团队的支持下完成的。从前期实施来看，在试点探索阶段督导团队主要由项目社工和社会工作专业教师组成，保证了小组工作方法和技巧的运用，但具有思想政治教育理念和学生管理经验的督导较少。因此，在延伸和扩展阶段，专业督导邀请学生处、团委等一线学生工作和管理人员加入，他们有着丰富的实践经验和学生工作经历，能够从思想政治教育角度提出合理的建议和反馈，从而保障新生班会的效果以及班会带领者团队能力和技巧的提升。

"新青年"项目实现小组工作在高校新生班会中的运用，将理论与现实相结合，通过实践形成规范制度和实施机制，进行了复制化的尝试，从而使得高校新生班会更加系统化、专业化地展开，对于新生群体适应新角色、新生活具有重要意义。

3. 评估期

从社会工作专业角度来看，评估环节指的是对小组的每一单元的辅导，或对于整个小组过程进行资料收集，从而监测小组过程是否有效地完成了既定目标，小组过程中的投入与产出之间的比例是否合理。因此，在评估阶段可以评量新生班会的有效性，新生群体的适应情况以及项目管理的有效性。从基线评估、过程评估到结果评估都可以有效的获取第一手资料，为之后的新生入学教育和适应工作更为有效地开展提供了可靠地参考依据。经过"新青年"项目三年的工作经验总结，新生班会课采用过程评估、目标达成度评估与结果评估三种形式，由服务的直接提供者——班主任、辅导员以及项目社工组成评估团队。

其中过程评估是指评估者着重收集阶段性资料，对于班会开展的每一步骤都进行评估，从而改善实施的效果。"新青年"项目共制定了两套小组活动评估问卷，包括引用的《班级气氛量表》和《工作员自评量表》，对每一节新生班会的开展都实施评估，了解新生接受服务的情况，为下一步的服务方案的完善提供资料，同时运用观察法来了解班会过程中新生的投入度和参与度。目标达成度评估主要是对新生班会预期目标是否达成做最终的评估，"新青年"项目组设计了《大学生新生适应量表》，通过前测问卷、后测问卷的统计对比，来衡量新生班会在促进新生适应过程中所发挥的作用。在结果评估阶段，则主要围绕着服务质量与服务影响开展评估，通过《满意度反馈表》来评价服务实施的品质，主要面向服务的接受者发放问卷，内容既包含针对班会带领者和活动的满意度，也设计了针对活动形式的满意度，力图协助评估团队进一步掌握新生班会的质量。此外，评估团队对于小组工作介入大学新生班会的服务影响也非常关注，主要在于评价社会服务项目所产生的进一步影响。与目标达成度评估不同的是，在实施服务的同时也会对相关的社会环境和社会系统产生一定影响，而这种影响不应被忽略。因此，评估团队在实施评估过程中也会注重服务对于推动学校变革，优化教育理念上的影响。

四 小组工作方法应用高校新生班会的综合思考

将小组工作引入高校新生班会有其优势和意义所在，但在具体实施过程中也存在局限性，主要表现在两个方面：一是班会带领者的局限性。在新生班会的具体实施过程中，带领者辅导员和班主任容易从传统学生管理与服务经验和理念出发，更加关注问题的预防和解决，帮助新生解决迫切问题，恢复正常生活，不影响到班级、宿舍乃至学校的正常秩序成为重要的工作取向，对于新生整体的发展和成长关注不够，容易在过程中出现自我中心的倾向。同时，并不是新生遇到的所有问题都能够通过新生适应主题班会的过程来解决，在现实操作中避免对某一方法的过渡依赖和关注非常重要。二是，时空安排上的冲突。运用小组工作方法的新生班会要求在新生入校一个月内进行，此时适应效果最佳，但在实际开展过程中，新生一旦进入到大学，每一个部门和组织都会有自己的各项安排，在具体实施过程中会不断地为其它的各项工作让步、挤压，如各项讲座、各种表格的填写、测量院服的尺寸、社团的走寝宣传等等，新生班会被屡屡打断，效果不能保证，这就限制了班会开展以及服务跟踪的时间。项目组通过发挥专业优势，以协调、架设、疏通、组合为思路，协调资源、理顺并清理重叠的内容，能够进一步提升新生班会的有效性，增强新生适应能力。

基于以上两个方面的问题，认为要想提高新生班会的效能，需要做进一步调整。针对新生班会的开展，班会带领者更应把预防性和发展性目标放在突出位置，正是因为学生的发展性需求没有满足，才有可能出现这样或那样的成长问题，所以应该以引领和回应学生的发展性需求为重点来设计和提供专业服务。以小组工作的方法介入新生班会并不是要"大包大揽"的替新生解决问题，而是在开展的过程中关注学生的本身，尊重个体的差异，鼓励新生参与问题的解决过程，以达到个人潜能的发挥和能力的增长。事实上，在新生适应期间，辅导员和班主任更多的是提供一个互相帮助、互相支持、分享经验的平台和现实环境的氛围，在这个过程中新生始终是自身适应过程中的主体。

  对于大学新生班会服务的专业督导不仅能使服务更加专业化，也能使班会过程中出现的问题和偏差得到及时的回应和纠正，还能够使实践和理论相结合，进一步培养工作者的能力，圆满地满足新生的切实需要。事实上，在具体实施与推广阶段新生班会项目运用的督导方式应该是多层次、多领域的，既有针对不扎实工作者的个别督导、定期持续的团体督导，也有每次班会之后的同事之间的督导，甚至包含老师——学生间的服务学习督导等。只有通过这样的多级督导制度，才能更加有效地提升新生班会服务质量，并且能够充分发挥班会带领者的潜能。

  当前"00后"新生开始迈入大学校园，他们青春洋溢具有鲜明的个性特征，仅仅依赖于某一个方法或者某几种方法很难切实地帮助新生群体。例如，当新生存在严重适应危机或某些情况需高度保密时，都不适合在新生班会课中解决，否则只会加深问题的程度和深度。因此，新生班会是一个常规的、普适性的服务，目的是帮助新生顺利地渡过适应期。在班会的开展过程中，班主任和辅导员要时刻观察和评估，对于那些极端内向、交流困难的学生，与舍友关系无法处理的新生，可以转介给项目社工或者心理咨询中心，采用个别化的方法帮助新生。因此，无论是传统育人工作的方法还是社会工作的专业理论和方法,都需要把握适用范围的界限,灵活运用各种方式方法。

总之,小组工作以其自身的互动性、灵活性、参与性、体验式等特征,易于被新生群体接受,将小组工作与高校新生班会有机结合,对于协助新生顺利渡过新生适应期,促进自我成长等方面发挥着重要作用,能够有效促进学生的健康成长与发展。

附录7 山青院社会工作专业学生大学生创新创业训练计划项目一览

序号	项目名称	级别	负责人	年级
1	服刑人员未成年子女现状社工介入研究	国家级	孟才竣	2011
2	社会工作视域下的大学生志愿者志愿服务行动研究	国家级	路建波	2011
3	山青饭查查	国家级	徐衍光	2011
4	淘山青——校园购物平台	国家级	蔡贺祥	2011
5	关于建立农民工职业伤害风险保障体系的探索	国家级	冯军	2012
6	社会支持理论下农村空巢老人互助模式研究	国家级	陈苗苗	2013
7	新乡村建设运动对农村社区社会工作的启示——以蒲韩社区为例	国家级	亓媛	2014
8	社会工作视角下大学生志愿服务长效机制研究	国家级	惠含笑	2016
9	3VS:协同治理视角下社区环保机制的行动研究	国家级	刘明鑫	2016
10	关于大学生乡村支教模式创新的探索研究	国家级	宋振羽	2016
11	社会支持网络视角下关于山东农村社会工作发展的现状、问题及前景展望——基于山东省X县的调查	国家级	陈莎莎	2016
12	正向心理学视角下大学生"手机成瘾"问题干预指导	国家级	范姝婷	2016

续表

序号	项目名称	级别	负责人	年级
13	工作坊模式在大学生青春健康教育中的应用研究	国家级	闫新梓	2017
14	社会支持视角下自闭症儿童家庭支持网络的社会工作介入研究	国家级	王丽	2017
15	基于乡村振兴战略背景下促进农村社区睦邻友好发展的研究	国家级	周腾	2017
16	资产为本视角下的高校学生生活社区建设研究——以山东某高校为例	校级	刘彩虹	2013
17	社会管理创新视阈下的社工机构与社区居委会的互动研究	校级	谢丹丹	2013
18	资产为本视域下的文化社区营造研究	校级	王崇	2013
19	候鸟儿童权益保护的社会工作服务研究	校级	刘桂琴	2013
20	残疾人的社区融入和社区支持研究——济南市历下区棋盘社区残疾人为例	校级	王一凡	2014
21	共享"位"来——高校座位共享软件开发	校级	律琳琳	2014
22	"隐去的翅膀"之失独老人的社会重建	校级	宋明禄	2015
23	大学生校园贷现象分析及社会工作介入策略研究	校级	张燕	2015
24	儿童预防性侵害的社会工作介入研究	校级	闫美欣	2015
25	社区工作视角下"济漂老人"社区融入问题及对策——以济南甸柳三居社区为例	校级	相新语	2014
26	农村儿童家庭教育问题及对策研究——以济南市某村庄为例	校级	李帅	2015
27	农村留守儿童网络社会工作服务研究	校级	张越	2015
28	抗逆力理论视角下后天残障人士无障碍"软环境"的探索性建设	校级	张荣基	2016
29	志愿服务对大学生能力发展影响的实证研究	校级	王超悦	2016
30	小善大爱——青少年公益培养模式探究	校级	房子琪	2016
31	农村中高龄老人生活现状及分析	校级	张淑芳	2016
32	引领梦青年公益发展中心	校级	卢雪	2016

续表

序号	项目名称	级别	负责人	年级
33	"村改居"社区社会组织发展现状调查及品质提升路径探索	校级	李舒晴	2016
34	低龄退休老年人需要研究	校级	王钰	2016
35	归因理论视角下手机媒体对农村留守儿童学习动机影响研究	校级	李晓伟	2016
36	意图权力框架视域下高校大学生对党团组织的态度研究	校级	王逍益	2017
37	由"浅绿"到"深绿"——社区治理创新背景下的多元主体参与社区环境治理应用研究	校级	刘雪莹	2017
38	乡村视阈下山东省农村体育服务体系的现状与对策研究	校级	滕文远	2017

附录8　山青院社会工作专业学生假期专业性社会实践活动项目一览

序号	项目名称	负责人	年级
1	社会工作介入在校大学生就业创业能力提升的探索	刘俊通	2014
2	爱晚城市锦囊济漂老年人城市融入服务	马敬宇	2014
3	"慰桑榆"城市空巢老人社会支持网络建设服务项目	吴昊	2015
4	"幸福建新，情暖夕巢"——关爱社区空巢老人项目	张云龙	2015
5	精准扶贫实施现状调查及社会工作介入空间分析	韩晓晖	2015
6	青少年品格培养之体验式学习小组模式探索	王傲男	2015
7	社会治理背景下社区居委会职能转变的现状调查——基于对《关于加强和完善城乡社区治理的意见》的解读	张越	2015
8	青少年抗逆力培养——以名士豪庭社区青少年培养计划为例	陈思旭	2015
9	"菁"行时代先锋调研团	徐宗存	2015
10	"桃李城悉"流动青少年社区融入成长服务项目	赵阳	2015
11	"铸魂耕心"党群综合服务项目	孔亚文	2015

续表

序号	项目名称	负责人	年级
12	"青"暖齐鲁——社区青少年社会工作服务	张亚萍	2015
13	"杏er菇"青春健康同伴教育	闫美欣	2015
14	"花匠入课堂"青少年社会工作服务项目	苗文静	2015
15	沃野青青育苗计划——农村儿童暑期服务	李帅	2015
16	历下区老年人社区培育服务项目	韩燕青	2015
17	关于"与子女异地居住老人"预期养老地的调查研究	王婧	2016
18	山东农村社会工作发展的困境及对策研究	陈莎莎	2016
19	农村中高龄老年人需求调查	杨健美	2016
20	青少年网络成瘾问题的社工介入	刘玉	2016
21	走进济南山青社会工作服务中心实践团	宋振羽	2016
22	农村留守儿童自我安全意识现状调研——以山东省泰安市新泰市宫里镇绳家峪小学为例	王丽	2017
23	社会支持理论下儿童白血病患者家长压力的社会工作介入	徐璇	2017
24	由"浅绿"到"深绿"——社区治理创新背景下的多元主体参与社区环境治理应用研究	刘雪莹	2017
25	"麦田守望者"——大学生暑期乡村支教模式创新的探索研究	卢妹玫	2017
26	农村中年空巢妇女的生活状况调查研究——以山东省、贵州省、黑龙江省部分农村为例	王慧	2017
27	农村振兴背景下农民返乡创业典型案例的调查研究——以聊城市临清市尚店村为例	国明赓	2017
28	小学生青春健康教育知识普及情况的调查研究——以聊城市临清市尚店镇小学为例	闫新梓	2017
29	抗逆力视角下残障居民群体互助能力提升服务	王喆	2017
30	聊城临清尚店留守儿童生活与礼仪课程——依托暑期支教服务	马晶晶	2017
31	社会治理视域下研究石墨矿产开发对当地水资源的负面影响及现有治理措施的效果评估——以中国石墨之乡张舍地区为例	李雪凝	2018
32	农村扶贫问题调研	吕鹏飞	2018
33	心理社会发展视角下隔代抚养对农村中老年女性身心健康影响的研究——以聊城市焦庄村为例	焦芸菲	2018

参考文献

中文文献：

安民兵：《社会工作专业实践教学模式的反思与探索》，《社会工作》2007年第12期。

陈雷：《困境与出路：高校社会工作专业实践教学模式探析——以华北电力大学社会工作专业人才培养模式为例》，《科技信息》（学术研究）2008年第36期。

陈晓敏：《参与式教学：社会工作应用型人才培养的应然选择》，《现代教育科学》2011年第7期。

陈宇鹏：《基于项目化教学的高职社会工作实务课程设计与实践》，《职教论坛》2011第6期。

程福财：《青少年网络成瘾与社会工作的介入》，《当代青年研究》2009年第9期。

崔海英、李玫瑾：《美国中小学教育中的服务学习及其启示》，《中国青年社会科学》2019年第4期。

邓玮：《马克思主义社会工作的实务取向及现实启示》，《华东理工大学学报》（社会科学版）2014年第4期。

丁慧敏：《社会工作人才培养的本土化模式与对策研究》，《学习论坛》2018年第12期。

丁宁、陆永君、穆志强：《项目管理》（第2版），北京交通大学出版社 2012 年版。

方礼刚：《社会工作介入青少年社会教育的途径和方法》，《社会工作与管理》2016 年第 2 期。

费梅苹：《上海青少年社会工作者专业能力建设的行动研究》，《华东理工大学学报》（社会科学版）2007 年第 4 期。

费梅苹：《上海青少年社会工作专业化发展的十年回顾与展望》，《青年学报》2014 年第 4 期。

费梅苹：《社区青少年社会工作方法与技巧研究》，华东理工大学出版社 2006 年版。

高春兰、杨海龙：《社会工作专业"五实交互"应用型人才培养实践——基于长春工业大学社会工作专业教育教学经验》，《教育现代化》2018 年第 17 期。

郭未、沈晖：《从传统走向非传统：社会工作专业教育的新取向》，《南京大学学报》（哲学·人文科学·社会科学）2018 年第 5 期。

韩爱雪：《朝鲜族留守青少年一般偏差行为的社会工作介入》，硕士学位论文，中央民族大学，2013 年。

黄金结：《青少年社会工作课程的情境教学》，《新余学院学报》2015 年第 2 期。

贾冰云、王志中：《高校与社会工作机构互动开放式教学模式探讨——以山西医科大学"青少年社会工作"课程为例》，《广东青年职业学院学报》2019 年第 1 期。

李海、王军芳：《青少年事务社会工作的探索与实践——以广州"青年地带"青少年事务社会工作者试点为例》，《青年探索》2009 年第 4 期。

李林凤：《回顾与展望：关于国内社会工作专业学生能力培养的思考》，《广西教育学院学报》2005 年第 5 期。

李迎生、韩文瑞、黄建忠：《中国社会工作教育的发展》，《社会科学》2011 年第 5 期。

林淼：《"六位一体"高职社会工作专业实习模式探索——以广东青年职业学院社会工作系为例》，《广东青年职业学院学报》2014年第2期。

刘斌志、梁谨恋：《论儿童社会工作者的核心能力及培育策略》，《青年探索》2018年第4期。

刘斌志：《社会工作视阈下青少年情绪问题的归因及其处遇》，《山东省青年管理干部学院学报》2006年第6期。

刘丽晶：《培养实用型人才的社会工作实务课程项目式教学改革研究》，《经济研究导刊》2014年第25期。

刘燕：《青少年犯罪矫治的社会工作介入机制》，《山西师大学报》（社会科学版）2014年第S2期。

刘媛媛、李树文：《校—政—机构合作背景下社会工作专业人才培养模式研究》，《中国社会工作》2018年第28期。

卢保娣：《场域与惯习：大学生学习的生成性动力机制分析》，《高教探索》2014年第5期。

陆士桢：《儿童青少年社会工作》，高等教育出版社2008年版。

陆士桢、王玥：《青少年社会工作》（第二版），社会科学文献出版社2010年版。

马灿：《青少年社会工作素质模型构建研究》，《青年探索》2012年第4期。

《美国的青少年社会工作》，https://www.sohu.com/a/149540892_99894416，2019年8月2日。

钱国英、徐立清、应雄：《高等教育转型与应用型本科人才培养》，浙江大学出版社2007年版。

任娟娟、靳宇、郭燕霞：《青少年网络欺凌问题及其社会工作介入》，《预防青少年犯罪研究》2017年第6期。

史柏年：《社会工作专业教育发展》，社会科学文献出版社2009年版。

史慧：《项目教学法在"青少年社会工作"课程实践教学中的应用》，《开封教育学院学报》2013年第8期。

孙成键、吕春苗：《青少年社会工作者的职业素养探析》，《山东青年政治学院学报》2015年第5期。

孙晓珍：《职业化需求导向的社会工作专业人才培养及课程建设》，《中国成人教育》2017年第10期。

万江红、逯晓瑞：《从参与角色看中国社会工作实习教育的现状》，《社会工作》2008年第9期。

王瑞鸿：《多维视野中的青少年社会工作本土探索》，《上海青年管理干部学院学报》2007年第3期。

王思斌：《社会工作导论》，高等教育出版社2011年版。

王婷、刘光宁：《社会工作专业"自我发展教育"模式的构建》，《高教高教学刊学刊》2015年第19期。

王孝羽：《OBE教学理念在青少年社会工作课程中的应用研究》，《教育教学论坛》2019年第46期。

王勇：《我国持证社工达44万人，社工机构7500多家》，《公益时报》2019年2月19日第6版。

王玉香、杜经国：《抗逆力培育：农村留守青少年社会工作服务的实践选择》，《中国青年研究》2018年第10期。

王玉香、权福军、王焕贞：《社会工作专业实验课程分组教学的研究与评估》，《山东青年政治学院学报》2011年第5期。

王玉香：《社会工作视角下新时期共青团组织协管青少年事务探讨》，《山东青年政治学院学报》2012年第3期。

王玉香：《社会工作专业价值观教育存在的问题与应对》，《山东青年政治学院学报》2017年第5期。

王玉香：《西方青少年社会工作的历史沿革研究》，《中国青年研究》2012年第2期。

王玉香：《青少年社会工作》，山东人民出版社2012年版。

魏雁滨：《发展导向的青少年社会工作》，《青年探索》2014 年第 1 期。

文军：《社区青少年社会工作的国际比较研究》，华东理工大学出版社 2006 年版。

何东昌主编：《中华人民共和国重要教育文献 1949～1997》，海南出版社 1998 年版。

徐从德：《香港青少年社会工作服务及对内地的启示》，《社会工作》2014 年第 1 期。

徐健：《2018 年度中国社会工作发展报告发布》，《公益时报》2019 年 3 月 26 日第 7 版。

徐文秀、董海涛：《青少年抑郁倾向的社会工作干预》，《心理月刊》2019 年第 11 期。

杨贵华、王瑞华：《高校社会工作专业人才培养面临的主要问题及对策》，《社会工作》2004 年第 2 期。

杨旭：《四位一体：社会工作专业的实践教学模式研究》，《河南教育学院学报》（哲学社会科学版）2010 年第 6 期。

易松国：《社会工作认同：一个专业教育需要正视的问题》，《学海》2019 年第 1 期。

袁光亮：《本土青少年社会工作的中国特色与发展思考》，《北京青年研究》2018 年第 1 期。

袁光亮：《职业能力为本的社会工作专业课程建设的探索——以北京青年政治学院为例》，《中国职业技术教育》2012 年第 19 期。

张佳华：《社会质量理论：青少年社会工作与社会政策研究的新视角》，《青年学报》2014 年第 1 期。

张乐：《服务导向的社会工作人才培养模式探析》，《社会工作》2014 年第 5 期。

张秋娟：《小组工作方法在流浪青少年人际交往能力培养中的应用》，硕士学位论文，苏州大学，2012 年。

张文：《深圳青少年社会工作探索与展望》，《中国青年研究》2007 年第 7 期。

张雪黎：《青少年事务社会工作专业人才队伍建设思考》，《青年发展论坛》2017 年第 1 期。

周军：《高校社会工作专业实践教学模式研究》，《中国青年政治学院学报》2010 年第 2 期。

周沛：《谈社会工作实务的"介入性"与"嵌入性"》，《浙江工商大学学报》2011 年第 4 期。

朱诗敏：《可能自我理论及其在青少年社会工作中的运用》，《社会工作与管理》2015 年第 3 期。

庄晓芸：《香港青少年社会工作的经验及其启示》，《云南财经大学学报》（社会科学版）2009 年第 2 期。

卓彩琴、张兴杰、钟莹、苏巧平：《社会工作专业的魅力在实践中展现——华南农业大学社会工作专业实践教学反思》，《社会工作》2006 年第 4 期。

卓彩琴：《社会工作专业三赢实习模式建构与实践——N 大学社会工作专业实习行动研究》，《教育教学论坛》2012 年第 2 期。

《关于印发国家产教融合建设试点实施方案的通知》，https：//www.csdp.edu.cn/article/5426.html，2019 年 12 月 30 日。

《国家教育事业发展"十三五"规划》，http：//www.gov.cn/zhengce/content//2017 - 01/19/content_ 5161341.htm，2019 年 12 月 30 日。

《国家中长期教育改革和发展规划纲要（2010—2020 年）》，http：//www.gov.cn/jrzg/2010 - 07/29/content_ 1667143.htm，2019 年 7 月 15 日。

《国民经济和社会发展第十三个五年规划纲要（2016—2020）》，http：//www.xinhuanet.com/politics/2016lh/2016 - 03/17/c_ 1118366322.htm，2019 年 7 月 15 日。

《国务院办公厅关于深化产教融合的若干意见》，http：//www.gov.cn/

zheng ce/content/2017 – 12/19/content_ 5248564. htm，2019 年 12 月 30 日。

《国务院关于加快发展现代职业教育的决定》，http：//www. gov. cn/zhengce/content/2014 – 06/22/content_ 8901. htm，2019 年 7 月 15 日。

《国务院关于印发〈中国制造 2025〉的通知》，http：//www. gov. cn/zhengce/content/2015 – 05/19/content_ 9784. htm，2019 年 7 月 15 日。

李岚清：《在全国教育工作会议上的总结讲话（摘要）》，《人民教育》，1994 年第 Z1 期。

《教育部关于深化职业教育教学改革全面提高人才培养质量的若干意见》，http：//www. moe. gov. cn/srcsite/A07/moe_ 953/201508/t20150817_ 200583. html，2019 年 7 月 15 日。

民政部文件《民政部办公厅关于 2017 年度社会工作和志愿服务法规政策规划落实情况的通报》（民办函〔2018〕29 号）。

《三部门印发关于引导部分地方普通本科高校向应用型转变的指导意见》，http：//www. gov. cn/xinwen/2015 – 11/16/content_ 5013165. htm，2019 年 7 月 15 日。

《香港 460 多间中学将实行"一校两社工"》，https：//chuansong-me. com/n/2833144349019，2009 年 7 月 13 日。

李克强：《政府工作报告》，《人民日报》2019 年 3 月 17 日第 1 版。

《中共中央办公厅印发〈共青团中央改革方案〉》，http：//www. xinhua-net. com//politics/2016 – 08/02/c_ 1119325051. htm，2019 年 7 月 3 日。

《中共中央关于坚持和完善中国特色社会主义制度推进国家治理体系和治理能力现代化若干重大问题的决定》，http：//www. gov. cn/xinwen/2019 – 11/05/content_ 5449023. htm，2019 年 12 月 21 日。

《中共中央 国务院印发〈中长期青年发展规划（2016—2025 年）〉》，http：www. gov. cn/zhengce///2017 – 04/13/content_ 5185555. htm#1，2019 年 7 月 3 日。

［法］皮埃尔·布迪厄、［美］华康德：《实践与反思：反思社会学导

引》，李猛、李康译，中央编绎出版社1998年版。

英文文献

Damon, W., "What Is Positive Youth Development?", *Annals of the American Academy of Political and Social Science*, Vol. 59, No. 1, 2001.

Gilligan, R., "Adversity, Resilience and Young People: The Protective Value of Positive School and Spare time Experiences", *Children and Society*, Vol. 14, No. 2, 2000.

Lee, M. Y. and Greene, G. J., "A Social Constructivist Framework for Integrating Cross-Cultural Issues in Teaching Social Work", *Social Work Education*, Vol. 35, No. 1, 1999.

Lerner, R. M., "Positive Youth Development, Participation in Community Youth Development Programs, and Development Programs, and Community Contributions of Fifth-Grade Adolescents: Findings from the First Wave of the 4 – H Study of Positive Youth Development", *The Journal of Early Adolescence*, Vol. 25, No. 1, 2005.

NASW Standards for the Practice of Social Work with Adolescents, https://eric.ed.gov/?id=ED365913.

Schoel, J., Prouty, D. and Radcliffe, P., *Islands of Healing: A Guide to Adventure Based Counseling*, Hamilton, MA: Project Adventure, 1988.

Shardlow, S. and Doel, M., *Practice Learning and Teaching*, London: Macmillan Publishers Limited, 1996.

后　　记

在教育改革不断深入的今天，产教融合发展的要求与呼声越来越高，应用型人才培养成为很多普通本科院校的发展选择，更是地方本科院校的必然选择。本项目研究团队在开展研究的四年多的时间里，一直在进行社会工作专业应用型人才培养的教学改革探索与实践，本研究团队成员在教学改革与研究的过程中得到了切实的锻炼。本专业依托自办的社会服务机构强化实践教学，更加彰显了应用性，这种真操实练的实践教学取得了较好的人才培养效果，形成了与民政系统、共青团系统、专业教育系统的合作联动发展的态势，本专业的社会知名度与美誉度明显提高。

与目前很多高校甚至是一流高校社会工作专业边缘化甚至停招的命运不同，本社会工作专业一直站在学校发展的舞台中央，获得了学校的大力支持，具有更多的发展空间与改革机会。可以说我们的探索是辛苦的，也是成功的，但是在改革发展的过程中，仍然遇到了很多需要研究与解决的现实问题，需要我们不断地调整思路与行动，不断与时俱进，正如我们的研究主题"青少年社会工作实务型人才培养模式"，我们的初衷是更加突出我们的专业方向，聚焦青少年这一特殊发展群体的社会工作服务，但是随着经济社会的发展，研究也要不断地拓展、提升、聚焦，有关青少年社会工作实务型人才培养模式与一般社会工作实务型人才培养模式具有共性，但是培养的内容也有差异，而在当今社会，青少年群体的多种生存境遇（流动、留守、流浪、闲散、贫困、残障等）与他们所处的人生发展的关键时期（青春期）是我们必须要关切的，培养能够服务不同类型青少年群体的实务社会工作者，只是探讨人才培养模式还远远不够，还要进行更多的人才培养课程、服务内容的探讨，以及多元性青少年群体、个体服务方法及相关政策等的研究，我们任重而道远！